毛茸茸的
人类文明史

胡川安——编著

中国友谊出版公司

图书在版编目（CIP）数据

毛茸茸的人类文明史 / 胡川安编著. -- 北京 : 中国友谊出版公司, 2022.8
ISBN 978-7-5057-5505-5

Ⅰ. ①毛… Ⅱ. ①胡… Ⅲ. ①文化史—世界—通俗读物 Ⅳ. ① K103-49

中国版本图书馆 CIP 数据核字 (2022) 第 119949 号

著作权合同登记号　图字：01-2022-1086

中文简体版经精诚资讯股份有限公司 - 悦知文化授权出版，版权归属于银杏树下（北京）图书有限责任公司。非经书面同意，不得以任何形式，任意重制转载。本著作限于中国大陆地区发行。

书名	毛茸茸的人类文明史
作者	胡川安　编著
出版	中国友谊出版公司
发行	中国友谊出版公司
经销	新华书店
印刷	天津联城印刷有限公司
规格	787×1092 毫米　32 开
	6.75 印张　90 千字
版次	2022 年 8 月第 1 版
印次	2022 年 8 月第 1 次印刷
书号	ISBN 978-7-5057-5505-5
定价	49.80 元
地址	北京市朝阳区西坝河南里 17 号楼
邮编	100028
电话	（010）64678009

目录

前言　了解猫狗历史，就是理解人类历史 — 001

第一部
那些猫狗眼中的人

第一章　汉代人就是爱狗

接近皇帝的门路 — 012　倒霉狗被做成香肉 — 014

猫儿从奴变主之路 — 018

喵星人意外决定皇室继承人 — 021

第二章　日本信史初期的汪星人

与狗的爱恨交缠 — 026　平安贵族到底有多爱猫？ — 027

近世日本的猫咪买卖与盗窃 — 031

岛津家的猫咪人际交流术 — 033

近世狩饲两用的日本狗 — 035

第三章　爱犬如痴的西乡隆盛

长相是谜，爱狗是真 - 041
下野后陪在身边的"伴侣" - 043
养狗也着重"乡土主义" - 046

第四章　司马光也是超级猫奴

司马家的好猫好事代表 - 053　"火爆浪子"山宾 - 056

第五章　汉代市井小民的狗痴行径

富贵人家豢养的名贵猎犬 - 061
农家与军队养狗看门守卫 - 062
狗也有专属墓地 - 063
汉代墓葬出土的陶狗随葬品 - 064
好的猎狗让你上天堂 - 067

第六章　集三千宠爱于一身的中国猫咪

中国猫咪的起源 - 071　"猫"和"狸"傻傻分不清 - 074

第七章　日本民间的猫狗历史

绳文人养的"绳文犬"- 078　兼具排污功能的狗 - 079
镰仓时代流行的狗运动 - 080　猫与日本的庶民生活 - 085

第八章　欧洲艺术中的千年人狗情

各有任务的欧洲犬 - 089　上帝创造的完美动物 - 091
古文明"猛犬注意"- 095

第二部
那些猫狗眼中的事

第九章　古埃及猫狗崇拜

飞蛾扑火般的埃及猫 - 105　埃及话里的猫狗发音 - 108
为猫狗下葬的意义非凡 - 110
是宠物、伙伴，也可以是神 - 114
光明与正义的护持者 - 120　抵御外敌也守护家庭 - 121

第十章 玛雅文明的汪星人足迹

与狗有关的字符 — 125　神圣的能量，灵魂的概念 — 129
人类进入死后世界的向导 — 133

第十一章 中国神奇猫狗传说

亦正亦邪的猫与狗 — 139
汉代狗"灾异"预言成真 — 141
隋唐的猫鬼故事 — 144

第十二章 从欧洲美术看狗的地位

受尽宠爱的鲁比诺 — 150　挂毯中的千年情感 — 155
版画里的狗狗秀 — 160

第十三章 猫奴不要看的音乐史

把猫做成乐器？喵咪呀！ — 166
要乐器发出猫叫声，首先要有猫…… — 168
第一个把猫放进盒子里的科学家 — 171
如果不是国王，别试图教猪唱歌 — 175
猫奴当道，"猫琴"即将复兴？ — 178

第十四章　猫咪东游记

中东野猫的后代－182　　征服汉语的猫咪们－184
猫与狸的千年之战－185
"Niau"占领人家，"Bâ"流放野外－188

第十五章　那些用来做实验的动物们

从受虐待到受保护的动物们－191
中世纪欧洲血腥的动物打斗－194
美国动物实验伦理审查发展－198

参考资料－203

前言
了解猫狗历史，就是理解人类历史

一本同时讲喵星人和汪星人的书，会吸引铲屎官们的注意力吗？

但眼前的这本书，既不讲猫的好，也不说狗的好，而是要跟各位谈谈二者在人类历史上的关系。

从演化上来看，狗是人类最好的朋友，当人类的社会组织开始复杂化之后，野性的狼群逐渐被驯化了，成为我们的好伙伴——狗。至于史上第一只进入人类社会的狗究竟出现在何时？是在一个地点，还是多个地点？是在东亚、中东还是欧洲？科学家们长期以来有许多争论。最早的家犬化石是考古学家在中国东北发现的，距今约二万六千年到一万年之间。由于时间太久,无法推定确切的日期。而欧洲最早的家狗化石则是在现今的德国境内发现的,距今约一万年。

虽然我们对于第一只家犬的时间还有争议,但可以确定的是,当四大古文明开始形成时,人类跟家犬已经相处了很长一段时间,而汪星人也伴随着人类的文明一起成长。

至于猫,现在的家猫由野猫而来,目前所知的第一只家猫发现于地中海上的塞浦路斯岛。在距今九千五百年的一座墓葬中,出土了人类骸骨和完整的猫骸骨,墓葬中还发现了不少陪葬物,都是当时的贵重物品,很明显能看出当时举办了隆重的丧葬仪式,并将相关的物品下葬。

这只八个月的猫肯定具备某种象征性含义,目前不清楚这是墓主个人的喜好,还是当时塞浦路斯的普遍风俗。但这只人类历史上发现的第一只家猫,并不是塞浦路斯的原生种,而是从其他地方带来的,或许人类的家猫历史可以继续往前推移。

有趣的是,在对于中国文明起源具指标性意义的仰韶遗址中也发现了家猫的痕迹,距今大约在五千五百年到五千两百年间，是发现于陕西省华县泉护村中的八块猫骨头，据考古学家判断为家猫的骨头，当时的猫应该是用来控制鼠害的。约一万年前左右，中国华北地区小米农业开始兴起，然而随着农业的发展，鼠害随之而来，当时的人发现猫可以捕抓老鼠。中国古代的典籍中就有这样的记载，《礼记·郊特牲》："迎猫，为其食田鼠也……迎而祭之也。"

人类文明起源初始，猫、狗就成为人类的伙伴，埃及文明的工艺品经常将猫、狗作为装饰的元素。由于和猫狗长期生活在一起，有了深厚的感情，因而将猫狗随葬，制作成木乃伊，甚至不少埃及的神祇都与猫狗有关。相对于埃及文明，中国历史上的猫狗也陪伴着人们，上至帝王将相，下至平民百姓，养猫、养狗风气十分盛行。相同的情形在玛雅文明也可以看见。

从日本的历史来看，猫与狗各有不同的角色与地位。江户时代不少的绘画中都可以看到猫，它是人类心灵不可或缺的伴侣；而狗则与生活上的需求比较相关。我们可以通过猫、狗与日本人的关系，来理解日本人的精神生活。

人类经常将自己的价值套用在动物身上,称赞狗的时候,说它们"勇敢、忠诚",并且用它们来界定人类社会的关系。例如在欧洲文化中,大型猎犬和淑女不大可能一起相处,而男人如果饲养一批猎犬,多少也代表着他善于管理和指挥,通过动物可以界定或强化性别与社会角色。

传说中,戴上所罗门王的指环就可以听懂动物说的话,了解它们的心情与想法。如果我们需要更亲密的伴侣,并且希望回到家能受到热情的欢迎,那狗是最合适的动物,狗会回报你的热情,遗弃一只狗就等同于杀了它。

而猫,才不会像狗那般忠诚,也不会对陌生人吠叫,更不会当主人的跟班或帮忙看家。猫的存在如电影《假如猫从世界上消失了》里面所说的:"不是人类饲养猫,只是猫愿意陪伴在人类身旁而已。"同样地,也可以用法国人类学家马塞尔·莫斯(Marcel Mauss)的说法:"人类驯服了狗,而猫驯服了人类。"当然很多动物演化学家并不同意这样的说法,但可以达成一致的是,人类饲养猫并非出于什么实用的理由。如果真有理由,也可能是觉得猫很可爱,能够抚慰自己的心灵。

但猫为什么可以什么都不做，便让人类如此怜惜？诺贝尔生理学或医学奖得主康拉德·劳伦兹（Konard Lorenz）指出，猫的生理特征容易使人类动情，像是圆圆的脸、胖嘟嘟的双颊、小鼻子配上大眼睛，这些特征与婴儿时期的人类十分相似，可以让人的荷尔蒙大量喷发，本能地产生投射错误，正如许多为人父母者所说的"被我们对自己孩子所产生的反应所愚弄"，将对孩子的爱怜转移到拥有同样面貌的其他动物上。而演化生物学家史蒂芬·古尔德（Stephen Gould）通过多年的研究，也有相同的看法。

本书将从古埃及、玛雅、中国和日本文化中的猫、狗开始，一路探讨人类历史与猫、狗的关系，我们将看到相当多元且丰富的面貌。

除此之外，猫、狗有时也改变了我们的历史和语言，成为历史中重要的角色。从人类的文明初始到现代，猫、狗有时也沦为盘中飨，或是制作乐器的材料，以当今人类的道德伦理而言，令人感到不安。近来关于流浪动物和动物实验的报道，也可以让我们重新省思相关议题。

研究猫与狗的历史不单单只是关注它们被驯化的历

史，更是研究人类与它们的关系，这种关系是互相的、流动的且具创造性的。我们改变了猫、狗的演化过程，让它们在人类文明中陪伴着我们，它们在有些社会中被当成神、被当成朋友、被当作食物，有时被屠杀、有时被虐待……对这些议题的讨论，不只是讨论动物本身，同时也反映了我们自身文明的态度与高度。

胡川安

台湾"中央大学"中文系

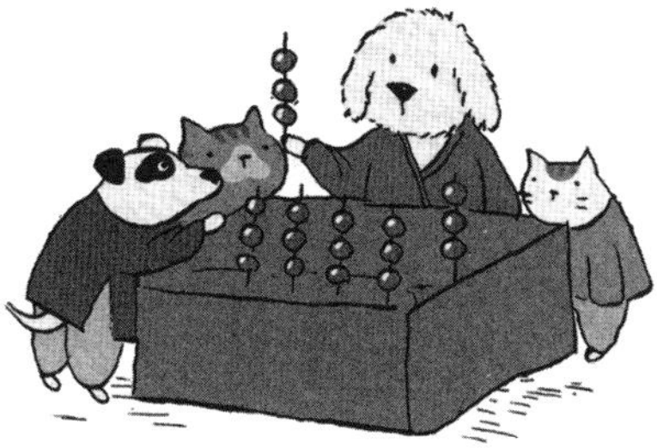

第一部

那些猫狗眼中的

法国人类学家马塞尔·莫斯说:
"人类驯服了狗,而猫驯服了人类。"
上自皇家贵族,下至平民百姓,
猫与狗在人类历史上,当过官、当过神,
有专属墓地,但也可能难逃成为盘中飧的命运。
它们甚至还曾经影响了政策和继承人人选。

人

- 王公贵族

- 知名人物

- 市井小民

第一章
汉代人就是爱狗

汉代的人们也跟现今的我们一样,认为狗的形象就是"忠心耿耿"。

汉朝建国的大功臣韩信,因为功高震主,又有军事才能,汉高祖刘邦一直很忌惮他。日后,韩信果真谋反,被吕后设计杀掉。

韩信死前后悔不用辩士蒯通的计谋,刘邦于是知道蒯通曾教唆韩信谋反,本来下令要把蒯通给煮了,蒯通却说:"跖(传说中的大盗)的狗对着尧吠,不是因为尧不仁,只是狗本来就会对着主人以外的人吠。在那个时候,我只知道韩信是我的主君,不知道有陛下。"

刘邦听了这番比喻，竟也觉得蒯通说得有道理，就把他释放了。

接近皇帝的门路

秦朝亡国时，汉高祖刘邦进入当时的首都咸阳，看到"宫室、帷帐、狗马、重宝、妇女以千数"，这诱惑实在太大了，让他差点就想赖在那里不走。史书提到秦国聚敛的珍宝之中，便包括了"狗马"，并且跟豪华的建筑物、家具、宝物、美女并列，可见搜集狗马正是豪富人家的成就之一，就算是皇帝也不例外。

日后，西汉长安城附近的皇家苑囿，就养着一堆"狗马禽兽"；在宫中服侍皇帝的"黄门"这个机构，也掌管着"乘舆狗马"，也就是皇帝出行搭乘的车、名犬与名马。汉武帝时期，还有专门为皇帝养狗的"狗监"，而且在狗监工作的人与皇帝很亲近（但应该还是要先去势，才能进入那里工作）。

东汉末年的汉灵帝是出了名的爱钱与爱玩，他曾经让狗戴上进贤冠、佩绶以玩乐。这件事情若传出去，官员们大概会觉得很傻眼吧，因为进贤冠是当时一般文官戴的冠，绶则是官员挂在腰间绑官印的纽带，冠与绶在当时都是官员社会地位的象征，让人一眼就能看出此人做官，以及官做得多大。

不只皇帝养狗，从考古资料可以看到，诸侯王也养狗。2015年在扬州发掘的蜀秀河一号墓，是一座西汉中期的小型墓葬，墓中出土的若干份奏疏，牵涉一桩寻狗事件。这些奏疏由一个叫"遂"的人呈报给广陵王。"遂"应该就是墓主，是广陵王的侍中（贴身近侍），在位的广陵王则推测是汉武帝的儿子刘胥。

奏疏中提到一只官府饲养的狗名为"糜"，养在皇宫中，曾经因受惊跑出宫外，事后又自己跑回来。后来"糜"被人牵走，以至于官员们搜寻它长达数个月，直到"遂"的家人找到"糜"，并查明牵狗的人是谁。

广陵王看起来似乎很在意这只狗，因为每一次"糜"失踪，侍中都要写报告；但学者们对于如何解读这些奏疏还是有着不同的看法。有学者认为，这桩寻狗案显示汉代人重视狗的生命，"从中可以看出一丝动物权萌芽的意味"。

但也有其他学者认为，官员屡次上奏报告寻狗的情况，可能只是由于狗是官府财产，官员担心自己因弄丢官府财产而遭受处罚。目前这批考古资料还未公布，暂时无法判断哪边的说法比较合理。

倒霉狗被做成香肉

狗常常出现在汉代人的生活中，但未必都是好事。

汉代人很爱吃狗肉，而战国时代就可以看到专门从事屠狗的业者，汉代也依然存在。西汉的建国功臣樊哙，是个敢在鸿门宴时，冲进去对项羽怒目而视的壮士，他原本从事的就是屠狗业。

西汉中期的《盐铁论》还提到：市场可以买到"狗䐞"，与杨豚、马朘、煎鱼、切肝、羊淹、鸡寒等其他肉类料理并列，可见当时的人对吃狗肉习以为常。有学者认为，狗䐞是将煮熟的狗肉切成薄片。

不只一般民众吃狗肉，贵族也吃。阳陵是汉景帝的陵墓，阳陵的从葬坑中出土了大量动物俑，光是其中一个从葬坑，就有458只彩绘的雌雄陶狗。曾经担任考古队队长、主持阳陵发掘工作的王学理认为，此从葬坑象征宫廷的府库，其内的家畜应是食用或用于祭祀。那么，皇帝很有可能也吃狗肉。

湖南长沙的马王堆一号汉墓，墓主是西汉初期一位列侯的妻子。这座墓的随葬品丰厚，包含不少食品。随葬品的清单提到好几道狗肉料理。例如：用鼎盛装的狗䐑羹、狗巾羹、狗苦羹，应是几种调味不同的肉汤；还有用盘盛装的犬其胁炙、犬肝炙，是不同部位的犬肉烧烤；另外，还有犬肩、犬䐑，䐑是指切成大块的肉。

学者认为这几道菜看名称中的"狗""犬"有别，前者是小狗，后者是大狗，看来不同种类的狗会被用来做成不同的料理。在墓中盛放随葬食品的竹笥里，确实可见到用竹签串起来的狗骨头残骸。

观察山东长清孝堂山东汉墓地祠堂"庖厨"画像石的拓片，可以看到汉代人如何屠宰食用的犬只。画像下方有一人牵着狗，旁边有一人持棍，看起来像是要敲击狗；右下角有一口井，井的桔槔（利用杠杆原理取水的工具）柱上挂着一只狗，旁边一人正持刀剥杀。在山东嘉祥宋山村

▶ 山东嘉祥宋山村东汉墓地祠堂"庖厨"画像石上，画面右侧同样描绘了一人持刀准备屠宰狗的景象。（图片来源：《汉代农业画像砖石》，P.118）

◀ 山东长清孝堂山东汉墓地祠堂"庖厨"画像石的拓片，画像下方有一人牵着狗，旁边有一人持棍，看似要敲击狗；右下角有一口井，井的桔槔柱上挂着一只狗，旁边一人持刀剥杀。（图片来源：《汉代农业画像砖石》，P.114）

东汉墓地祠堂"庖厨"画像石上,画面右侧也描绘了同样的屠宰场景。

顺带一提的是,汉人杀狗除了食用,也用来辟邪。东汉末年的《风俗通》就记载,在城邑的四门杀狗,可以辟盗贼。《风俗通》还提到当时有正月杀白犬、以血涂门户,借此辟除不祥的风俗。

猫儿从奴变主之路

相较于狗,猫的命运就尊贵多了。历史上,当人和猫的关系越来越亲近,猫便从带有功能性的"家畜"一跃而上,成为玩赏用的"家宠"。中国古代不乏爱猫成痴的猫奴,陆游便是其中的佼佼者,他曾写诗道"勿生孤寂念,道伴大狸奴",能说出"我不寂寞,反正有猫陪我!"这大概已经是铲屎官的最高等级了吧!

明代之后,养猫在王公贵族间蔚为风潮,皇宫中甚至设有专门照顾猫的机构——猫儿房。宦官刘若愚在《酌中志》中写道:"猫儿房,近侍三四人,专饲御前有名分之猫。"这些官猫有专人精心照顾,不愁吃穿,更别提捕鼠等工作，根本是闲散度日的最佳代表。公的称作"某小厮"、母的唤作"某丫头"，若被皇帝或后宫嫔妃看上，便留下玩赏，其余的则可送给皇亲国戚。

而中国历史上爱猫成痴的皇帝，非嘉靖皇帝明世宗莫属。根据《明史》记载，世宗的爱猫过世了，伤心至极的皇帝"命儒臣撰词以醮"，简单来说，就是要这群大臣们帮一只猫写讣闻。当时为官的袁炜工于写词，举笔立成，他在文中写到了"化狮作龙"一句，将皇帝过世的爱猫比拟作龙，世宗因此大喜，便给了许多赏赐。当时有人不满这种靠阿谀谄媚获得升迁机会的举动，便讥讽他为"青词宰相"。

既然身为观赏用的宠物，古人对猫的外观当然也有一些标准。清朝黄汉搜罗古今猫事汇整成的《猫苑》，成书于咸丰二年（1852年），分为《种类》《形相》《毛色》《灵异》《名物》《故事》及《品藻》七门。其中，《形相》中记录了"相猫经"，提出了对一只"好猫"的评价标准，分别是要头圆、耳薄、须硬、鼻直、腰短、后脚高、尾尖长、声音洪亮；在《毛色》中也写道："猫之毛色，以纯黄为上，纯白次之，纯黑又次之，其纯狸色，亦有佳者，皆贵乎色

▲ 爱猫成痴的嘉靖皇帝，爱猫过世了，伤心至极，"命儒臣撰词以醮"，甚至要大臣们帮一只猫写讣闻。（图片来源：台北故宫博物院《明世宗坐像轴》）

之纯也。驳色，以乌云盖雪为上，玳瑁斑次之；若狸而驳，斯为下矣。"

虽然这些标准在现代看来，完全没有科学根据，但可以看出古人对猫的审美眼光也是相当严苛的。然而，无论是什么样的花色、什么品种的猫咪，养了它就要爱它一辈子，绝不能任意弃之不顾。

喵星人意外决定皇室继承人

爱猫之心，人皆有之，古今中外皆然。古人爱猫自然也不是什么稀奇的事，宋代除了有个爱猫的司马光，还有一个大家可能意想不到的人物，那就是宋高宗。为什么高宗是不为人知的猫奴呢？这一切还要从北宋的亡国说起。

北宋徽宗整日除了忙着欣赏花鸟画与花石外，几乎没其他事情好做，当然压根儿也不会想到国家竟然会在短短几年内败亡。金人二度包围汴京时，凭借记载甚详的玉牒（皇室族谱），掳走了宋朝几乎所有的宗室。

唯一幸免于难的，正是后来的宋高宗赵构，赵构当时被推派到金营当谈判人质，但被金人怀疑是假货，中途就被放了回去，赵构才得以辗转南逃。金人后来发现不太对劲，发兵在后面狂追，赵构一路上颠沛流离，好不容易在建康落脚，原以为可以喘口气，却又不幸碰上军人哗变（明受兵变），差点丢掉性命。这一连串的折腾，使高宗身心俱疲，因此生育功能方面疑似出现障碍，早年生下的孩子又不幸全部早夭，高宗就此陷入了中年无嗣的危机。古人云"不孝有三，无后为大"，更何况是皇帝无嗣，这可是足以动摇国本的大事啊！一般来说，如果皇帝无嗣，多半会找宗室的小孩以过继的方式来延续香火，这个做法被称为"外藩入继"。但是问题来了，宋朝皇室成员几乎都被金人抓到北方去了，要上哪去找呢？这时有人提醒高宗："太祖皇帝的血脉仍存于世。"高宗这下恍然大悟。

原来宋朝的宗室可分作两个世系，分别是太祖和太宗，赵构这一世系是宋太宗赵光义的后裔，历史上关于太宗得位不正的传闻向来很多，其中一个证据是太祖的子嗣多半不是受到严密监视，就是流落到民间。原本皇位的继承根本轮不到太祖世系，但如今因为命运的巧妙安排，延续赵宋血脉的重任又回到了太祖世系。

绍兴元年，高宗命人在民间展开"海选"，选了四五个两至三岁的宗室小孩入宫，但高宗看来看去都不甚满意，认为这批孩子无论长相还是资质都很平庸，于是便打发了这些小孩回家。

隔年，高宗稍微变更了筛选条件，将年龄定在七岁以内，限定在"伯"字辈的宗室小孩中挑选。这次运气不错，一口气选进了十位符合资格的小朋友入宫，经过层层关卡挑选，有两位小朋友脱颖而出，成功进入"最终审查"。

高宗得知已经有了皇储的可能人选，高兴地想亲自面试这两位小朋友，一问之下，得知他们的名字分别是"伯浩"与"伯琮"。伯浩的身材圆滚滚，伯琮的身材则较为瘦弱，看起来有点弱不禁风。

也许是受到孩子早夭的影响，高宗显然较中意身材丰腴的伯浩。正当高宗要打发伯琮回家之前，却又临时改变主意，决定再多观察一下。高宗命两人叉手并立，好让他看个仔细。就在这时，有一只猫突然经过，伯浩可能一直站着觉得无聊，便调皮地踹了猫一脚。目睹这一幕的高宗很不高兴地说："这猫好端端从旁边经过，你为什么要踢它？行为举止如此轻浮，将来怎么能将国家重任托付于你？"就这样，伯浩因为一只猫，意外地出局，之后被高宗赐予三百两金子，便回家了。这只乱入的猫自然不是高宗事先安排的"暗桩"，而是挑选过程中突发的事件，高宗会因为伯浩的调皮行为而发怒，主要是因为其秉持"由小见大"的识人原则。在他看来，光是站着就会因为一只猫而分心，还要没来由地欺负小动物，将来也不用指望这人会有什么出息。如果以现代的眼光来看，高宗或许真的是个不折不扣的猫奴吧。

至于看到喵星人在前仍面不改色的伯琮，则受到高宗另眼相看。伯琮以六岁之龄被接入宫中，被高宗视为接班人培养，日后更名为"伯璩"，也就是后来的宋孝宗。虽然孝宗因为一只猫意外地拿到皇储的入门券，但对于孝宗来说，这只是一系列考验的开始，在他三十六岁正式受禅即位前，仍有无数的难关等着他，不过这又是另一段故事了。

第二章
日本信史初期的汪星人

在日本的《古事记》《日本书纪》以及《风土记》里，记载了传说中的武烈天皇"好田猎，走狗试马"，还有应神天皇带着心爱的猎犬打猎时，猎犬与野猪搏斗而死，天皇为它建造了墓穴，称为"犬墓"。先不论这些天皇是否真的存在，但从这些传说及故事里，我们不难发现，当时的日本部落社会，人与狗的关系相当亲密，狗甚至是人类生活的伴侣、助手。

到了后来，据《日本书纪》的记载，大和朝廷的军事长官"伴造"里，有县犬养、稚犬养、安昙犬养以及海犬养四个"伴造"，各个伴造之下设有"犬养部"，专门负责饲养狗，以备军事、狩猎、巡逻、防盗等军民工作，尤其是负责京城城门的守卫，以及官仓的监视工作。由此可见，在日本国家草创之时，日本人与汪星人的关系已经进一步提升到军事、国家管治的层次。

与狗的爱恨交缠

到了文字史料更为丰富的平安时代，我们已经看到狗"横行霸道"的盛况。从流传至今的文学作品以及史料里，都能大量看到狗的踪影。其中，可能最让我们惊讶的，是当时的狗甚至在皇宫也是来去自如，行动无阻。著名的文学作品如清少纳言的《枕草子》中，就提到了一只名叫"翁丸"的狗，因为接收了宫女恶作剧般的指令，突然袭击天皇的御猫，而被天皇下令殴打致死的故事。

在同一本书里，还提到了当时有个叫"犬岛"的地方，似乎是人们将不听话、有病的狗驱逐弃置之地。虽然在朝廷的官方史料中无法找到相关资料，但从清少纳言的《枕草子》的片段里，能想象当时的狗已经完全融入普通人，甚至天皇、贵族的日常生活里，而且当时的狗不上狗链，不受约束,这恐怕是现代的我们未必能想象的。

看来在当时的日本,贵族里应该不乏爱狗之人。其中我们有迹可循的,有平安时代权倾一时的著名贵族藤原道长(966—1028年)。据当时的贵族日记及故事集记载,道长养的一只白色小犬死后,身为贵族最高领袖的道长,立即派人去请京都清水寺的僧侣来为爱犬举行法事,好让它早登极乐。

此外,历史上被称为"大天狗"的一代传奇天皇后白河天皇(1127—1192年)也似乎是爱犬之人,贵族的日记便多次记载这位天皇养狗,被称为"御宠犬"。单从以上例子,不难想象当时的日本贵族社会与狗儿的关系以及亲密程度,与现代人相比,实在是有过之而无不及。

平安贵族到底有多爱猫?

至平安时代,日本人与狗的亲密关系已持续了上千年之久,不过,却也在这个时代,汪星人遇到了强大的对手,那就是从大海的彼岸来到日本的外来生物——猫。

猫是如何、何时来到日本已不可考,而目前能看到猫的最早记录是在9世纪。记载宇多天皇（867—931年）生活的《宽平御记》记载，宽平元年（889年）时，23岁的宇多天皇养有一只猫，是父亲光孝天皇送给他的，起初是九州的太宰少式源精献上的外来宝贝。平常的猫"皆浅黑色也"，而这只猫"深黑如墨"，深得天皇的喜爱，天皇更对猫说："汝含阴阳之气，备支窍之形，心有必宁知我乎。"似乎想让这珍奇的黑色宝贝来慰藉自己为万民之尊的孤苦。黑猫听到了天皇的询问后，"乃叹息，举首仰睨吾颜，似咽心盈臆口不能言"。猫望着天皇，又叫了一下，在天皇看来，它似乎听懂了自己的话。

这个记载既生动又珍贵，让我们看到天子跟动物的关系。虽然，我们已经不能详查猫进入日本的具体情况，也不知道之前是不是已经有猫进入宫廷，但按上述《宽平御记》的记载可以得知，首先，天皇的父亲光孝天皇应该也是爱猫之人，而猫来到日本的渠道，明显是通过海外贸易，由负责外交事务的太宰府（今福冈县太宰府市）献呈得来。

江户时代的学者田宫仲宣写的考证书《愚杂俎》记载："今京都之畜物大抵唐猫也，饲于大阪者则多为和种，其征京师之猫尾长,浪华(大阪)之尾短也,以尾之长短分之。"又说:"防船中之鼠,故载猫。"

另外,同样是江户时代的考证书籍,江户时代的大学者贝原益轩写的《大和本草》便提到:"昔武州金泽文库自唐国取书而纳之,为防船中之鼠,则养唐猫也,谓之金泽之唐猫,皆称名物也。"换句话说,就是为了保护舶来货免受鼠害,所以特意找来老鼠的天敌来"防盗"。

对这只宝贝,宇多天皇当然珍爱有加,还指明要给黑猫喂食(牛)乳粥。对当时禁食肉类的日本贵族而言,牛奶是最重要且唯一的蛋白质来源。换句话说,天皇给了黑猫跟贵族一样的饮食待遇,其受宠爱程度可想而知。

自宇多天皇之后,记载宫廷生活的日记、文学作品,如《源氏物语》里也开始多少能看到猫的踪影。而且很有趣的是,我们从这些作品里可以知道,当时日本人会为猫系上猫绳,以防猫因看到陌生人感到害怕而走失。《枕草子》也写过宫里养猫,并与狗一起生活,这种情景在日本古装电视剧中并不会出现。

究竟平安贵族有多爱猫呢?

另一个例子发生在长保元年（999年）九月十九日，当时一只天皇所养的猫咪即将临盆，皇后、妃嫔、朝廷重臣都跑来见证。产后，天皇命令一名宫廷女官担任猫宝宝的乳母，负责养育工作。这条记载究竟是天皇因为爱猫临盆太紧张，胡乱给了指令，还是真心要宫廷女官当猫的乳母，已是历史上的谜，但这也让我们看到贵族们对猫这个新宠儿有多重视了。

另外，前面提到藤原道长亲自为爱犬招来僧侣举行法事超度的故事，类似的故事也在猫身上发生。道长的子孙，也是平安时代晚期有名的大学问家藤原赖长，他在自己的日记里写到当爱猫得病后：

> 仆少年养猫，猫有疾，即画千手像，祈之曰"请疾速除愈"，又令猫满十岁，猫即平愈，至十岁死。（《台记》康治元年〔1142年〕七月）

此时，贵族们对猫狗的喜爱已经到达同等地步，但如果考虑到猫进入日本的时间还不到两百年竟已经如此受宠，可见猫的魅力事实上已经远超过狗。不过，既然是外来的珍贵动物，自然数量稀少，而且我们也相信，只限当时达官显贵中最高级别的人，才能养猫。

换言之，猫的出现正也反映着日本贵族统治最辉煌的岁月。只是，随着日本贵族社会慢慢衰微，猫也不再是天皇、贵族的秘藏玩物了。

近世日本的猫咪买卖与盗窃

在战乱频仍的战国时代，猫狗的记载可谓乏善可陈，还是要到了相对太平的织田、丰臣时代（1573—1598年）才再次看到了猫狗与日本人的生活点滴。当时有一名叫西洞院时庆的下级贵族，在日记里记载了很多关于自己养猫的故事，让我们得以一窥熬过战乱的贵族们与宠物的生活。

与平安时代相比，经过了室町时代与中国、欧洲文明交流，这个时代的猫的流通数量已经十分众多。贵族之间乃至天皇、皇室与贵族之间，互相赠送猫似乎也是十分常见的事情。

猫走失时，贵族出动下人帮助寻找、送回给原主的片段也在时庆的日记中处处可见。此外，贵族之间还会互借抓鼠得力的家猫给相熟的友好贵族，帮助他们除鼠害。

因此我们可以想象，在贵族社会及相对富裕的阶层，猫的流通已经十分普遍，相关的社会问题也日益增加，其中最大的问题莫过于偷窃了。根据时庆的日记记载，至少在京都时常发生家猫被盗后在黑市转卖的情况。不过，要注意的是，偷猫的原因并不只是因为猫珍贵，人们争相要当成宠物来养，更重要的是，当时的日本人将猫视为治除鼠患的益兽，对猫的需求迅速增加。

盗猫转售的问题，甚至惊动了当时刚统一日本的丰臣秀吉（1537—1598年），在天皇脚下的皇城，盗窃猫的问题已经上升至国家治安的层级。于是秀吉在天正十九年（1591年）命令当时的京都所司代（京都市长）前田玄以要做好防盗工作，要明令严禁偷窃猫只，严罚黑市买卖猫只的人等。

岛津家的猫咪人际交流术

那么，战乱时代的武士是否对猫狗无情呢？

当然不是。下面将举出两个战国武将与猫的故事。

九州南部鹿儿岛的著名武将岛津义弘（1535—1619年），被后世称为"鬼石曼子（石曼子是岛津的音译）"的他，在文禄元年（1592年）奉丰臣秀吉的命令出兵入侵朝鲜半岛。传说，他当时便带着一只猫随军陪伴，与它在战场上共同活了下来。猫死后，被岛津家的家臣认为是吉祥之物，于是在岛津家府第的别园仙严园里设祠供奉，称为"猫神"，现在已成为当地名胜，以及爱猫人士的朝圣之地。

义弘与猫的故事虽然有可能是后世人们杜撰的，但鹿儿岛以猫闻名却是真的。当时的鹿儿岛因为地利之便，通过与琉球王国、中国、朝鲜以及西欧进行贸易，获得了不少宝物，其中似乎就有猫。岛津家在与亲友关系的人物交流之际，也会赠送猫咪给对方作为礼物，可想而知，岛津家手上肯定有稳定输入的渠道，甚至养饲猫咪的方法。

▲ 九州南部鹿儿岛的著名武将岛津义弘，曾带着一只猫随军打仗，这只猫与义弘在战场上共同活了下来，被称为"猫神"。（图片来源：尚古集成馆藏）

另一个故事主角，则是前面提到的丰臣秀吉。

这位天下霸主明令禁止猫咪的黑市买卖，其实自己也有养猫。有一次他外出时，手下的家臣发现秀吉养的猫不见了，派人到处去找却还是没有找到，为免秀吉回来后发觉，家臣便向相熟的诸侯家借用了一只毛色与秀吉爱猫差不多的来顶当，并答应找到后立即归还。

虽然文献上没有记载究竟后来秀吉的爱猫有没有被找到，但从家臣们惊慌失措的样子来看，可以想见这猫绝非秀吉随意玩玩的宠物，而是心爱之宝贝。

因此可以得知，猫与武将的故事在战国时代相对地比狗丰富，这也意味着猫在当时的日本，已经比平安时代更为普及。

近世狩饲两用的日本狗

虽然日本人对猫咪的喜爱似乎已远超于狗，不过，由于日本的武士仍然喜欢狩猎，而狗经过训练后能在狩猎时派上用场，所以到了江户时代，狗的一个重要功能，便是担任狩猎的帮手，即所谓的"鹰犬"。事实上，江户时代的藩主们都会命令领地内的农村为藩政府饲养打猎用的狗，并定期进行征用。

不过，因为狩猎场地位于郊外，狗在山林走失的情况时有发生，于是统治者开始要求饲主为狗佩戴铃铛及名牌，以便寻回，进而打击盗窃。

至于其他没能成为"鹰犬"的狗，运气好一点的，便会成为村落、城下町的番犬，负责守门防贼，否则便会沦为人们的肉食，或者狩猎用的猎鹰的食物。在当时，有意无意屠杀狗的情况十分普遍，加上当时还没有系统的绝育医术及政策，随大量涌现的狗出现的是随处可见的粪便、死尸，于是配合藩政府为猎鹰提供饲料的需要，以及低下阶层的食肉需求，屠杀狗的行为便有了正当理由。

然而，提供猎鹰食用的狗毕竟所需有限，人们也不具备那么大的食用量，大量的流浪犬造成家屋破坏或财物、食物损失，于是江户时代，有目的的猎杀行为此起彼伏。这个问题很快便引起了统治者——幕府将军的注意，为后来发布著名的"生类怜悯令"提供了前设条件。

所谓的"生类怜悯令"是江户幕府第五代将军德川

纲吉（1646—1709年）在天和三年（1683年）发布的政令。这位被后人讥笑为"犬公方"的幕府将军，传说他因为觉得爱子夭折与自己造孽有关，加上自己生肖属狗，于是要求全国都不杀狗，要善待狗，最后致使百姓怨声载道。

当然，这只是后来以讹传讹的说法，这位将军的禁令主要以江户（今东京）为主，也并非因自己的生肖关系才想到要大力保护狗。其中一个真正原因是上面提到的社会充满血腥杀戮的状况。只是到了后期，随着将军逐渐年迈，行事越发孤僻后，才开始变本加厉地禁止杀生。

无论如何，幕府下令要善待动物的政策出台后，原本随便杀害动物的行为便成了禁忌，进而催生出医治动物的兽医。尤其是医治受伤猫、狗的兽医很快便成行成市，在江户各处都开设了专门诊所。

▲ 江户幕府第五代将军德川纲吉所发布的"生类怜悯令"要求全国都不杀狗，要善待狗儿，最后致使百姓怨声载道。（图片来源：土佐光起笔，德川美术馆藏）

第三章
爱犬如痴的西乡隆盛

维新三杰之一的西乡隆盛,殁于明治十年(1877年)的西南战争城山之役。

他缀生死成诗的气度,至今仍教许多人难忘。虽然身为名垂青史的大人物,西乡隆盛本人没有留下书籍著作,后人仅能从他的诗文书信和与他往来者的口述中,逐一建构起这位一代巨人的历史形象。

对游日旅客来说,最熟知的应数名师高村光云的代表作——位于东京上野恩赐公园中那尊身着浴衣、牵着狗的西乡隆盛铜像;而另一较为知名者,则是位于鹿儿岛市、由安藤照创作,身穿日本陆军大将军服、威武直立的西乡隆盛铜像。

▲ 西乡铜像脚边这只名叫"俊"的日本萨摩犬,是住在萨摩东乡町藤川的前田善兵卫赠送给他的。(图片来源:悦知文化编辑部)

长相是谜，爱狗是真

两相对照，会发现两者容貌相当不同。原因在于西乡隆盛并不喜欢拍照，因此无从得知他的真实面目。而现今最广为流传的西乡隆盛肖像，是明治政府聘雇的意大利画家艾德亚多·契索尼（Edoardo Chiossone，1833—1898年），依据其亲弟——有"小西乡"之称的西乡从道的上半脸，和堂弟大山岩的下半脸结合绘制而成。上野公园的西乡大将容貌或许不为真，但西乡隆盛喜欢狗，身旁总是有狗随行，史料中确实留有记录。

西乡铜像脚边这只名叫"俊（ツン）"的日本萨摩犬，是住在萨摩（现今鹿儿岛）东乡町藤川的前田善兵卫赠送给他的。和主人的创作者不同，"俊"的铜像是后藤贞行所制。在制作铜像时，因为西乡的爱犬已经离世，只好用同样萨摩出身的海军中将仁礼景范饲养的狗作为模型。真实"俊"的铜像，位于鹿儿岛萨摩川内市的藤川天神境内。顺道一提，"俊"是雌犬，而仁礼景范那只狗是雄犬。

1894年出版的川崎三郎著作《西乡南洲翁逸话》中，

写着"其性爱犬如痴"。

西乡隆盛在东京日本桥小网町的住宅里,收藏有一箱狗的画作;鹿儿岛的自宅内,也挂着狗的画饰。幕末他在京都时,曾经饲养一只叫作"寅(とら)"的兰犬,外出时总是牵着寅,由于寅和虎日文皆为"とら",因此也有资料记载,这只兰犬名为"虎"。

西乡和他藩志士在酒楼碰面时,也让寅上榻榻米坐在自己身旁,边抚摸狗背,边与人交谈,这个习惯或许也有防范刺客的作用。西乡于1839年自藩校造士馆的归途中,介入朋友间的争执,右手遭砍伤,神经和韧带受损,因此弃学剑术,运动以角力和打猎为主。

当西乡在暗杀危机四伏的京都为倒幕挺而奔走时,由于不擅剑术,无法自我防御,外出时尽量避免单独步行。当时大多由堂弟大山岩担任护卫,后期渐渐改由中村半次郎,也就是以示现流剑法闻名、有"人斩半次郎"之称的桐野利秋作为护卫,桐野利秋行动矫捷,对危险预知敏锐。

除了桐野之外,西乡也习惯带狗,饭席聚会时,连狗一起带至席间，如此一来，若刺客闯入，狗先冲上前，便能争取时间回避。

下野后陪在身边的"伴侣"

明治维新初期，西乡隆盛的健康状况不太好，因过于肥胖而产生了动脉硬化的问题，当时治疗西乡的德籍医师建议他常运动和限制饮食。西乡也遵从医嘱，为了维持健康，日常运动以打猎为主，跟随他打猎的两只狗，不是俊也不是寅，而是一位猎人让给他、擅长猎野鸡的狗。只不过西乡嗜好猎兔，并不怎么喜欢猎鸡。

某天，有位人士到日本桥小网町的寓所拜访西乡（另有一说，这个人可能是伊藤博文），那名男士似乎相当好女色，对于这位客人来访，西乡隆盛说出令人意想不到的话："我最近也纳了两名女子为妾。"客人嬉笑地说："嘿嘿，希望能让我好好赏心悦目一番。"西乡猛然起身大喊，不过片刻，只见两只犬跑来席间，向西乡撒娇玩闹，西乡边抚摸狗的头，边说"这就是我最近新纳入的爱妾，很可爱吧！"并哈哈大笑。

1873年，岩仓使节团归国后，因喧闹沸腾的"征韩论"引发了明治六年政变，西乡隆盛辞卸参议和近卫都督，挂冠求去。返回鹿儿岛后，他大部分的时间都待在武村的自宅或去日当山一带打猎和温泉疗养。西乡身旁一位名叫长四郎的仆人，是鹿儿岛伊作乡的农家子弟，长四郎颇为长寿，在大正十五年（1926年）9月，对鹿儿岛县教育会派来的书记回忆当年：

> 老爷在征韩论被推翻后就回到故乡来了，不久是新旧年交替时，从明治七年1月底起，老爷开始打猎，由熊吉、市、弥太郎、我四个人作陪，并带了六条狗。

江藤新平于明治六年（1873年）下野后，曾至鹿儿岛与西乡会面，希望西乡能率领士族支援佐贺叛乱。但西乡拒绝了，他不愿再卷入政治纷争，尽管在征韩论上与明治政府相对立，他在1874至1876年的生活确实脱离了东京的政治舞台，避免和政治直接接触。与其说他是叛军首领，不如说他更像个恬静的政治家。此时期的书信，也表达出一种似乎刻意不过问政事的姿态。明治八年（1875年）4月，西乡写给大山岩的书信里，仔细地提到关于狗的项圈之事：

> 非常感谢你特地将狗项圈的样品送给我。这些狗项圈的质量比舶来品还要好。如果可以再加长三寸，那就正合我意了，还麻烦你帮我做四五条。另外，也请你将项圈加宽至五寸左右。

明治九年（1876年）春季将过时，有关萨摩士族动向的消息相继刊载于《东京曙新闻》。5月8日的版面，报道了西乡隆盛的消息：

> 西乡隆盛先生依旧健壮，意注于开拓业，每日于山野，据说有时徘徊市中。据传发散乱亦不戴帽，且着附棕榈屐带之木屐，穿飞白棉布羽织短外褂，牵二三犬相伴。

虽属于概念性陈述，但西乡辞官归隐故里后的生活概为如此。如同猎人般，携带猎犬，一前一后地在山林间狩猎，有时也会走遍整座山仍一无所获。西乡在叫唤狗时，会将两根粗手指含在嘴中吹出哨声，他对吹口哨相当拿手，因此，这一带的樵夫之间散布着有相扑力士般的巨汉在山中吹着口哨的传言。据说画师服部英龙曾于鹿儿岛日当山温泉一带，见过西乡隆盛带着爱犬散步，他将所见细细描绘成"南洲翁狩姿"，现存于鹿儿岛市立美术馆和鹿儿岛县雾岛市国分乡土馆。

养狗也着重"乡土主义"

西乡隆盛在用人上有浓厚的乡土主义，喜欢萨摩子弟，也特别喜欢萨摩犬。萨摩犬是原产于日本的中型犬种，双耳尖耸，黑底混杂红棕毛。性情温顺，不似小型犬般神经质，且擅长猎兔，一旦开始追猎物，便从没让猎物逃脱过。

西南战争期间，西乡挑选了两只萨摩犬随行在侧。一只黑毛犬，是佐志郡的乡士押川甚五左卫门通过边见十郎太送给西乡的；另一只是一位住在小山田乡、名叫太郎的农夫送与西乡的。战事后期，萨摩军兵败如山倒，西乡对于可爱岳的战局绝望，向士军发布解散令时，曾抚摸着这两只狗的头，诀别说道："你们自己回萨摩去吧。"但只有黑毛狗回到原饲主身边，另一只则不知去向。

明治初期，西乡隆盛身兼参议、近卫都督和陆军大将。一向自奉俭约，对狗却特别大方。餐席间，每当大碗的盖饭送上桌，他会把蛋戳破，拌给狗吃；外出打猎时也会亲自料理狗的饮食，或自炊，或到农舍买鸡蛋，和在饭里喂食。而鸡蛋拌饭还算不上美食，西乡甚至带着狗一起吃鳗鱼饭。根据《大西乡的逸话》一书提及，京都祇园的名艺妓君龙在晚年回忆时，曾说出这么一段往事：

> 曾在坐的有木户先生、山县先生、伊藤先生等多位人士，大伙儿总是一起喝酒吃饭，可唯独西乡先生每次都带着狗来，而且一定点鳗鱼饭，他不但自己吃，也分给狗吃，吃完就立刻回去。我觉得他是最潇洒的人了。

▲ 西乡也常如同猎人般，携带猎犬，一前一后地在山林间狩猎，有时也会走遍整座山仍一无所获。（图片来源：《明治新闻》414号附〔明21.2.24〕）

类似的事例，也发生在鹿儿岛。某日，一名大汉带着狗走入位于伊作町（今鹿儿岛县日置市吹上町）的鳗鱼饭店，点了鳗鱼饭。在饭食端上桌后，立刻将鳗鱼饭放在地上喂狗，一碗又一碗，连喂三次，老板见状忍不住生气了起来，一来可惜，二来是好像自家的鳗鱼饭让人嫌弃似的。

他最后点了一份打算自己吃，老板怒道："已经没有了！"意思是不卖了。大汉于是在桌上放下五元纸钞后离去。那时三碗鳗鱼饭顶多三十钱，五元是给得太多了。老板事后才得知，这名将鳗鱼饭喂狗的魁梧大汉，正是西乡隆盛。

除了东京上野公园的西乡与爱犬"俊"的铜像之外，以近代日本或明治维新为题材的绘画肖像乃至观光文宣中，都不乏西乡隆盛与犬相伴的作品。在幕末维新动荡的时代里，西乡隆盛这号人物，简洁、勇敢、忠诚，阳光般清楚明亮的爽飒性格，和其他维新官僚相比，显得魅力非凡。某种程度而言，其个人特质和他喜爱的萨摩犬如出一辙，平时温和，一旦确立目标，仿佛猎犬追捕猎物般专心致志，既无畏也不旁顾。

或许难以想象,近代日本的根基,正是这名不可思议的"爱犬家"西乡隆盛所奠定下来的。

▲ 以近代日本或明治维新为题材的绘画肖像甚至观光文宣中，都不乏西乡隆盛与犬相伴的作品。（图片来源：床次正精作，鹿儿岛市立美术馆藏）

第四章
司马光也是超级猫奴

说到司马光,相信许多人对他砸缸救人的知名故事一定不会陌生。此外,如果大家对于以前的历史课程还留有些许印象,可能会进一步想到他曾与宿敌王安石发生过激烈党争,或是由他主编的大部头历史名著《资治通鉴》。

不过,各位应该不知道司马光在政治家、史学家与文学家等多重身份外,私底下还是个饲养喵星人多年的资深猫奴!

司马家的好猫好事代表

1084 年,生命即将走到尽头的司马光为了纪念爱猫去世，特别写了一篇取名为《猫虪传》的短篇文章。这篇文章的主角是只名叫"虪"（读音同"树"）的喵星人，按照中国古辞典《尔雅》的解释，这个名称是"黑虎"的意思。

有趣的是，这只名为虪的母猫非但毫不凶猛，甚至可以说是喵星人界的好"人"好事代表。根据司马光的说法，每当家中猫群开饭时，虪总是先等同伴吃饱后才会上前用餐；如果其他喵星人的"人丁"过于兴旺，它还会帮忙哺育别家的小小猫。

然而，正如同好人未必长命一般，好心帮别的猫带孩子的虪，自己的孩子却被某只调皮的喵星人给咬死了；更糟的是，司马光的家人误以为是虪自己下的毒手，在痛揍它一顿之后，便把它转送给附近的僧舍。

面对如此不分青红皂白的无理对待，蒙受不白之冤的虪便缩在僧舍角落绝食明志。正当虪即将饿死的紧要关头，司马光的家人总算意识到自己犯下了重大错误，连忙把虪给接回家。至此，冤情得以洗刷的虪才重新进食，逐渐恢复昔日的健康与活力。

从此以后，司马光一家只要新添了小猫崽，就会把它

▲ 司马光在政治家、史学家与文学家等多重身份外，私底下还是个饲养喵星人多年的资深猫奴！（图片来源：台北故宫博物院《故宫图像选萃》P.102）

们交给麟来哺育，而麟也把这些小小猫照顾得无微不至，甚至还曾经发生麟为了保护别家的小猫崽，去跟汪星人打架、身受重伤的小插曲。

随着年岁渐长，越加瘦弱的麟终于失去了捕捉老鼠的能力。以当时的标准来看，不会抓老鼠的猫便毫无饲养的价值。即便如此，"收编"麟多年的司马光却不忍心就此将它弃养，便经常接手喂食猫主子的重要工作。1084年十月，高龄近二十岁的麟在司马光的温柔守护之下，就此走完它那波澜壮阔的传奇一生。

"火爆浪子"山宾

值得一提的是，除了为麟作传之外，司马光还在同篇文章提及另一只名为"山宾"的喵星人。从司马光对于礼制和历史的了解来推断，山宾这个名字很可能出自性格淳厚朴实的南朝儒者明山宾其人其事。

若要认真论资排辈，山宾算是比麟资深许多的大前辈。当山宾进入司马家大门时，麟还正在伟大的宇宙航道上漂流旅行着。然而，与麟那温良恭俭让的性格完全相反，山宾在出生之后不久，便已充分展现出它那"初生之猫不畏鼠"的顽皮与霸气！

某日，年仅数个月大的山宾在外玩耍探险，意外发现有只鼷鼠正叼着一只大老鼠准备回家享用。此时，初次在江湖闯荡的山宾不但没有转身逃走，甚至还迎上前去抢劫鼷鼠的战利品！在山宾的强势攻击下，倒霉的鼷鼠最后放弃食物逃之夭夭，而山宾则是得意扬扬地将到手的肥肉拎回家好好炫耀一番。

读到这里，聪明的你或许可以猜到，既然司马光相当喜欢麟那种"与猫为善"的温顺个性，就注定了他与"火爆浪子"山宾的故事最后会以悲剧收场。某天，司马光发现好动的山宾居然弄脏自己的珍贵藏书，便气急败坏地决定"流放"主子，将山宾转送给同僚常鼎。

说也奇怪，正当司马光想抓住山宾的时候，山宾仿佛知道这位猫奴打算造反，竟然开始拼命挣扎！最后，司马光只好选择套山宾布袋，连猫带袋地打包送给常鼎。想不到才送走山宾没几天，它竟然从常家成功"越狱"，沿着原路溜回司马家。即便司马光再次以套布袋的手法将山宾送回常家，山宾仍然不时与常鼎、司马光合演"catch me if you can"的人猫追逐！

看到如此哭笑不得的光景，无奈的常鼎不禁气咻咻地向仆人们抱怨："就算你们身为万物之灵，却远不及山宾那样对主人忠心耿耿！"即便如此，由于送出去的猫就有如泼出去的水，司马光此时也不好意思重新收留山宾，便再三将山宾押送回常家。或许是察觉到司马光真的是铁了心要把自己送走，山宾最后终于放弃逃离常家；而司马光也因为接到调职命令离开当地，从此和山宾失去联络。

读完山宾的故事，你可能会觉得司马光真是个不近情理的硬派猫奴。但从司马光养过那么多只喵星人，却只在《猫䰲传》特别提到䰲与山宾的名字来看，他对山宾应该还是有所怀念，只是碍于彼此个性不和，主仆之间最后只能以分手收场。

若是换个角度来思考，虽然司马光并未陪山宾走完猫生的最后一程，却也没有选择直接弃养山宾，而是替它安排了另一个归宿。即便是以现代的标准来看，能做到这样也算是相当不容易了。当然，在此还是要呼吁所有的宠物饲主：无论你养的是喵星人还是汪星人，你就是它们的全世界。所以，请务必负起责任好好照顾家里的毛小孩哦！

第五章
汉代市井小民的狗痴行径

从文献记载与出土资料来看,汉代养狗的风气很盛行,上至皇帝、王侯,下至平民百姓,都有养狗。这些狗的用途与命运也不尽相同,有好命的狗,也有倒霉的狗,甚至还有神奇的狗怪传说。

富贵人家豢养的名贵猎犬

汉代的豪富子弟喜爱搜集名贵的马与猎犬,以供运动玩耍。汉武帝时,有一个叫所忠的人跟皇帝告状,说:"世家子弟富人或斗鸡走狗马,弋猎博戏。"可见斗鸡、带着猎犬骑马驱驰、射猎、玩六博,是当时有钱人爱好的娱乐活动。

好的猎犬十分珍贵，《西京杂记》提到一个叫杨万年的人有一头猛犬，名字叫"青驳"，价值百金。百金是多少呢？汉文帝曾经想要建一座台，叫工匠估价，要花费百金。文帝说，百金是当时中等人家十户的财产，于是作罢。虽然物价一直在变动，杨万年大概也不是汉文帝时代的人，但总之，百金在汉代是天文数字。

《西京杂记》还提到茂陵，这里是汉武帝的陵寝，后来发展为有点类似长安附近的卫星城市，那里有个叫李亨的人，喜欢驱使骏狗来追逐狡兽。他帮这些狗都取了名字，有修毫、厘睫、白望、青曹。汉代人常见以单字命名，但他们倒是挺常用双字给动物命名。这几只狗大概跟杨万年的青驳一样，都是用毛色或外观的特征来取名字的吧。

农家与军队养狗看门守卫

汉代一般农户养狗十分常见，主要是为了警备盗贼、防范坏人。西汉武帝时期，有个叫作王温舒的酷吏当了河内太守，上任三个月内做到"郡中……无犬吠之盗"，因为所有的盗贼都被他杀光了。东汉时代的人如征调民众的事情一多，便会造成"狗吠竟夕，民不得安"，足见当时家户养狗的普遍。

除了一般民家，汉代西北边塞的军队也有养狗的习惯。在甘肃、内蒙古的汉代烽燧遗址出土的居延汉简，反映出西汉中期之后边塞的情况。居延汉简里有不少军队的公文簿籍，其中"守御器簿"是城防器材的登记簿，有时会列入狗或狗笼。因此，虽然汉代吃狗肉的风气很盛行，但学者大多认为边塞的狗很少拿来食用，而是作为军事用途，用于守望示警。

狗也有专属墓地

汉代的狗与人关系密切，还可从今日出土的汉代墓葬中窥见。考古学者曾经在西安附近发现一座西汉晚期至新莽时期的小狗墓，长方形的土坑中放着一段陶制的水管，里面有一只小狗的遗骸，在狗尾和小腿后面还有三十一个人形的小陶俑陪葬。由于这座狗墓周围并未发现其他人类的墓葬，而且它还有专属的陶俑陪葬，考古学者判断这是一座专门埋葬宠物狗的独立墓葬。

在更早一点的时代，尤其是商代，狗常用于殉葬；而到汉代，人们已经几乎不用狗来殉葬了。不过，像这样专门为狗营造的墓葬也是十分罕见。

汉代墓葬出土的陶狗随葬品

我们现在极少看到汉代的狗墓葬，但是在汉代人的墓葬中，倒是可以看到很多陶制的狗模型，可见养狗的人家在汉代很普遍。西汉中期以后，人们开始流行以陶制的明器（随葬品）陪葬。今日在西汉晚期至东汉时代的墓葬中，常看到随葬的陶制模型，如陶楼、陶仓、陶井、陶猪圈、陶猪、陶鸡等，能反映当时人们的生活情况，其中陶狗也是出现频率很高的随葬品。

墓葬出土的陶狗造型多样，姿态多变，质量也有差异，有的制作精美、有的造型粗糙，或许反映出墓主人的贫富差距。例如，河南辉县百泉墓地出土的这只东汉陶狗呈现坐姿，外形较粗糙。而河南辉县大官庄墓地出土的这只陶狗呈现站姿，看起来心情很好，尾巴都翘起来了，而且身上还有貌似表现狗毛的纹路，颈部与腹部有两条看似

▲ 河南辉县百泉墓地出土东汉陶狗。(图片来源:摄于河南安阳博物馆"流过往事——南水北调中线工程河南段文物保护成果展"。)

◀ 河南辉县大官庄墓地出土东汉陶狗,两千年前就有现在流行的胸背带了。(图片来源:摄于河南安阳博物馆"流过往事——南水北调中线工程河南段文物保护成果展"。)

胸背带的东西，两条带子连结到背上的一个拉环，照常理推测应该是系牵绳用的。

河南南阳的汉代墓葬也出土不少造型生动的陶狗，有蹲坐的长颈陶狗，还有看似抬起前脚直立起来的陶狗。河南灵宝也曾出土绿釉站姿陶狗，看起来品种可能与南阳的陶狗不同。

除了河南省，四川、重庆的汉代墓葬也出土不少陶狗。重庆的中国三峡博物馆曾举办"福犬迎春"特展，展出好几件重庆出土的汉代陶狗，有威风凛凛的狗，耳朵竖起，气势十足，还有陶制的汉代狗窝。陕西省咸阳市的东汉墓中也可以看到类似的陶狗。

采取潇洒帅气站姿的陶狗，在四川成都天回山一座东汉晚期的崖墓里也有发现。崖墓是四川汉墓常见的墓葬形式，建造方法是直接开凿山壁挖出墓穴。1957年，成都北部天回山的巫家坡因为施工而凿出数座崖墓，当地的文物工作队派人员进行清理工作。其中编号三的墓葬结构较复杂，墓门内有一条过道，过道南侧并排着三个墓室，北侧则延伸出一个大墓室，再连接两个小墓室，每个墓室中都有一至数口棺。

其中墓北侧大墓室里发现的一只陶狗,站立的姿态与重庆、陕西的陶狗相似。在这座崖墓的其他地方,还发现了另一种体量更大、姿势不同的陶狗,它后腿弯曲、前腿直立,腹部与颈部皆有束带,头高74厘米,只略小于真正的狗。虽然这座崖墓过去曾经被盗,里面放置的物品可能已经过扰动,但墓葬的清理者仍从出土位置推测这只大狗是守门犬。长得几乎一模一样的"守门犬",在1972年四川成都天回山崖墓中、2016年底成都市天府新区正兴镇崖墓中也有出现。这三只陶狗如此相似,说不定这几件明器制品来自当时的同一个作坊。

好的猎狗让你上天堂

文献记载并没有明确提到汉代人如何驱使猎犬打猎,只知道猎犬的"等级"对狩猎的成果影响很大。成书年代稍早于汉代的《吕氏春秋》则写了这样一个故事:

> 有一个很喜欢狩猎的人,花了很多时间却打不

到野兽，感觉很丢脸。他思考自己狩猎失败的原因，认为是猎狗太差。想要得到好的猎犬，家里却又贫穷，没什么办法入手。于是他努力耕作，等家里经济状况获得改善后，便有钱能得到好的猎狗，狗的等级提升，于是打猎成功的次数变多了，打到的猎物也常常比别人多。

这个故事有一些经不起推敲的地方，例如，靠种田攒钱要种多久才能买到名贵的猎狗，但是，至少它能反映当时猎犬的好坏与狩猎的成果密切相关。

好的猎犬捕获猎物的成功率高，也能捕获更大型的动物，战国到汉代还有"相狗术"以辨识狗的好坏。《吕氏春秋》另有这样的故事：

> 齐国有擅长相狗的人，他的邻居请他帮忙买捕鼠的狗，过了一年他才找到一只"良狗"。结果邻居养了那只狗好几年，都不见它抓老鼠。于是邻居问相狗的人，相狗的人说，这只良狗的志向在于追

逐"獐麋豕鹿"这类大型动物，老鼠太小它不屑抓，如果要它抓老鼠，就给它戴脚镣（封印它的能力）。

邻居给这只狗的后脚戴上脚镣，它才开始捕鼠。

像这种故事都带有寓言的性质，不能全部当真。不过，在安徽阜阳发掘的西汉初期汝阴侯墓葬，墓中出土了残存的《相狗经》，据说是讲狗的体态特征与善走的关系，可见汉代存在相狗术确实不假。

第六章
集三千宠爱于一身的中国猫咪

小时候常见的卡通动画,或是耳熟能详的寓言故事中,"猫抓老鼠"仿佛天经地义般是不可违逆的本能,如此强烈的印象大概已深深烙印在我们的脑海里。虽然现在多数人养猫都不是以捕鼠为目的,而是集万千宠爱于一猫,猫咪从家畜一跃而上成为家宠,被人类捧在掌心上呵护。然而,天性傲娇且野性极强的猫,又是从何时开始被人类豢养成为家中的一分子呢?

中国猫咪的起源

关于中国的家猫,许多人常引用《玉屑》提到的:"中国无猫,种出于西方天竺国,不受中国之气。释氏因鼠咬坏佛经,故畜之。唐三藏往西方取经带归养之,乃遗种也。"这段话言明中国的猫是在唐朝,为了防止老鼠啃咬佛经,特意从天竺带回圈养,自此在中原地区才有了猫的存在,家家户户开始出现"养猫护书"的习惯。虽然没有更确切的证据,但从各种文献资料看来,此种说法最晚在元代便开始流传。

然而,根据近几年的考古研究,在陕西省泉护村遗址发现两只猫共八块骨骼,包括骨盆和下颌骨。根据碳、氮同位素的分析结果,其中一只明显食用了大量的谷物,间接说明了身为肉食性动物的猫,极有可能被人类豢养并喂食农作物;而另一只猫的年纪较大,推测是受到人类照顾才能安度晚年。

相关研究结果刊载在《美国国家科学院院刊》和"科学"等网站上,这些资料隐含着猫与人类聚落有着某种显著的关联,但究竟是出于偶然还是经人类驯养,则无法确认。

除此之外,在许多先秦的文献中,都能找到猫的身

▲ 人们常认为中国的猫是在唐朝,为了防止老鼠啃咬佛经,特意从天竺带回圈养,自此在中原地区才有了猫的存在。(图片来源:台北故宫博物院《宋人戏猫图》)

影。中国最早的诗歌总集《诗经·大雅·韩奕》便有记载"有熊有罴，有猫有虎"，但这里的猫和熊、虎等大型猛兽并列，可以大抵判断与现在社会中通称的"猫"并不相同，至少尚未被人类所驯。

史籍《逸周书·世俘解》中描述"武王狩，禽虎二十有二、猫二、……鹿三千五百有八"。虽然猫可能是因身型较小、毛色普通或食用价值不高等理由，所以被猎的数目不多，但从被视为狩猎对象这点来看，先秦时候的猫可能为一种野兽。且《尔雅·释兽》也写道："虎窃毛谓之虦猫。"窃毛的意思是浅毛，同为猫科动物，猫和虎本就有着高相似度。从上述看来，先秦文献中提到的"猫"，应是未驯化前的野猫。

"猫"和"狸"傻傻分不清

猫和人类更密切的联系，到汉唐时期更为显著。但先秦真的没有家猫吗？许多人还是对此有所怀疑。在明末张自烈编的《正字通》中提到了狸为野猫、猫为家猫的解释，加上秦汉文献中多有"以狸捕鼠"的记载，于是便有了现在所谓的"猫"在战国至汉代被称为"狸"的说法。《韩非子·扬权》写道:"使鸡司夜,令狸执鼠,皆用其能。"《吕氏春秋·不苟论·贵当》也提到:"狸处堂而众鼠散。"可见以狸捕鼠在战国时代已相当常见。不过,这并不能直接证明猫和狸是同一种动物,毕竟善于捕捉老鼠这种啮齿类的动物多的是,汉代人甚至会养狗捕鼠。若要进一步分析猫和狸的关系,从许慎的《说文解字》或许可以略知一二:

狸(貍),伏兽,似貔。从豸里声。
猫(貓),狸属,从豸苗声。

在《说文解字》中,归类在"豸"部的字不超过三十个,与其他常见动物的部首偏旁相比,可以说少得可怜。推测在当时,人们对这类动物了解不深,或是因数量稀少,才无更详细的记录,猫和狸即为其中两个。根据《说文解字》的解释,狸为一种四脚趴地行走的野兽,猫则是狸的一种;也就是说,狸可以视为一类动物,以现在的生物学分类(界门纲目科属种),可以更清楚地知道两者是有亲属关系的。

此一说法也在《本草纲目》出现："猫，捕鼠小兽也，处处畜之。"从捕鼠和被饲养的观点来看，这里应是指家猫，而狸则被解释为"野猫"。李时珍的说法也接近将"狸"视为多种动物的总称，例如：虎狸、猫狸、海狸、灵狸等，并没有特指单一生物。上述种种资料显示，猫和狸有其相似性，但并不能混为一谈，故前述"家猫为猫，野猫为狸"的说法可能不够严谨。

由于狸和猫都有会捕鼠的特性，导致两者常常被误解和混淆。从文献资料来看，先秦以前较常看到以狸捕鼠的现象，可能是因为当时的猫野性较强，较难驯养，所以狸就成了家中的捕鼠常客。而汉唐之后，当温驯的家猫传入中国，驯化后的猫更符合人类的需求，自此取代狸成为家鼠克星，登堂入室霸占宅中一隅。

第七章
日本民间的猫狗历史

根据日本的宠物食品协会在 2017 年底公布的"全国犬猫饲育实态调查"网络问卷结果显示,估计日本分别约有 892 万只狗、952.6 万只猫被人类饲养,与此同时,虐待猫狗的情况也越来越多,可见日本人与这两种最具人气的动物有着爱恨交缠的关系。

日本人与猫狗的关系发展至今,可以说已经到了一种难舍难离的程度。回顾日本的历史,日本人与猫、狗的关系有很大的不同。尤其是猫要到中世后期,即 15 世纪左右才登陆日本,相对于在史前时代已经与日本人共同生活的狗而言,猫可说是日本人的新宠,而且几乎有超越狗的趋势。

由于狗比猫早约一千年进入日本的历史，因此，接下来会先以介绍日本犬为主，也会谈谈猫跟日本人的交流，以及它们是如何成为日本人爱不释手的宠物。

绳文人养的"绳文犬"

狗在日本的历史源远流长，早年的考古已发现绳文时代的狗石刻，以及在绳文时代的遗迹中挖掘出狗的骨头。事实上，相比其他的家畜，比如牛、马或者羊，日本狗的考古记录最为古老，一些考古学者甚至认为，狗是绳文人最早驯养的家畜。有关这个问题，文献史料里研究古代日本的各方面时，必须使用的《三国志·魏书·倭人传》里也提到"其地（倭国日本）无牛马虎豹羊鹊"，却唯独没有提到狗。配合上述的考古结果，估计《三国志·魏书·倭人传》的记载便暗示了当时的日本是有狗的。

一般相信，这些"绳文犬"主要协助绳文人狩猎，也作为食物供绳文人食用，还会被当成祭品；另外，根据一些考古挖掘结果显示，在部分相信是属于贵族的墓里，发现有狗同葬，这些狗应是墓主的宠物。由此可见，绳文人与"绳文犬"已有十分深厚的关系。

兼具排污功能的狗

不过,平安时代的日本人对狗则不只有爱护之情,他们对狗的态度还存在另一个阴暗的侧面。

狗在中世时代的日本除了打猎外,还有一个很重要的社会责任,就是清理人的排污物,即粪尿、呕吐物等。在当时还没有很好的排污去水系统,除了贵族外,百姓不论男女老少都会在路边如厕,到处都是"地雷"。

在那个还没有环卫工人的时代,除了部分地方有"贱民"受命处理,其他绝大多数的情况下,就由狗、乌鸦及爬虫等生物来代劳。可以想象在大量养狗的背后,这些狗中既有野狗,又有被人类弃养的部分。由于狗同时存在宠物以及处理污物两种功能,当时的日本人对狗的态度也十分复杂。

中古世纪的日本人,尤其是贵族社会受到佛教思想的影响,对于污秽有着极度敏感的反应。按照佛教教义来说,接触狗、牛、羊、马、鸡、猪六畜的尸体、血液以及粪尿的话，要立即在家闭门除秽，称为"服忌"。然而，由于养狗具有上述的重要社会功能，不可能完全消灭狗，于是贵族们便在这种又爱又怕的感情下，继续与狗共存下去。

到了后来，人口相应增加后，粮食短缺，医疗水平又跟不上，产生了严重的社会问题。普通病患，以及疫病导致的病弱者或受伤的人，又或者每逢天灾兵祸，受生活所迫、被亲人抛弃的流浪儿童等，除了少数有幸获得僧侣救济，大多都被送出村落之外，在野外等死，成为群集于各地城村内外的野犬，或者民家放养的狗的食物。换句话说，这些狗就是当时另类的调整人口数量的工具。

镰仓时代流行的狗运动

到了武士横行的镰仓时代，素来跟牲畜、血腥结下不解之缘的武士们，对狗也是十分喜爱，但由于武士日常都离不开暴力、战斗，战斗训练也理所当然地成为生活中一个重要的环节。当时流行的"运动"，便是"犬追物"（いぬおうもの）。

"犬追物"是指骑马武士用弓箭射猎放跑的狗，大约可追溯至 13 世纪初，也就是镰仓时代初期。根源虽然已难考，但其中之一的说法指"犬追物"本来就是由当初朝廷为了减少狗的数量，举行"犬狩"而来的。

"犬追物"每次大约使用二十只狗，最后当然是凶多吉少，这也反映出武士在杀戮、血腥方面，与朝廷贵族有着不同的价值观。自此，"犬追物"便成为日本武士的典型例行活动，到了室町时代后期进行得更为频繁，成为武士日常生活定期定点的活动，甚至成为武士沉迷的玩意。

不过，在此要特别说明的是，镰仓、室町时代的"犬追物"原则上是只追不杀的，什么意思呢？就是武士进行"犬追物"时，所用的箭镞是没有箭头的"目矢"，射中狗也只会打中，不会流血，更不会插穿身体。而且，当时"犬追物"的规定也有明确要求，不可瞄准狗的头、四肢及屁股，只可瞄准躯体。

所以，"犬追物"听来是一场武士的血腥活动，但其实随着时代发展，仪式性质越来越重，武士祖先以狩为业的思想也慢慢淡去。这其中也包含了室町时代包括武士在内的日本人，害怕大量的杀生会造成污秽以及导致瘟疫的想法。

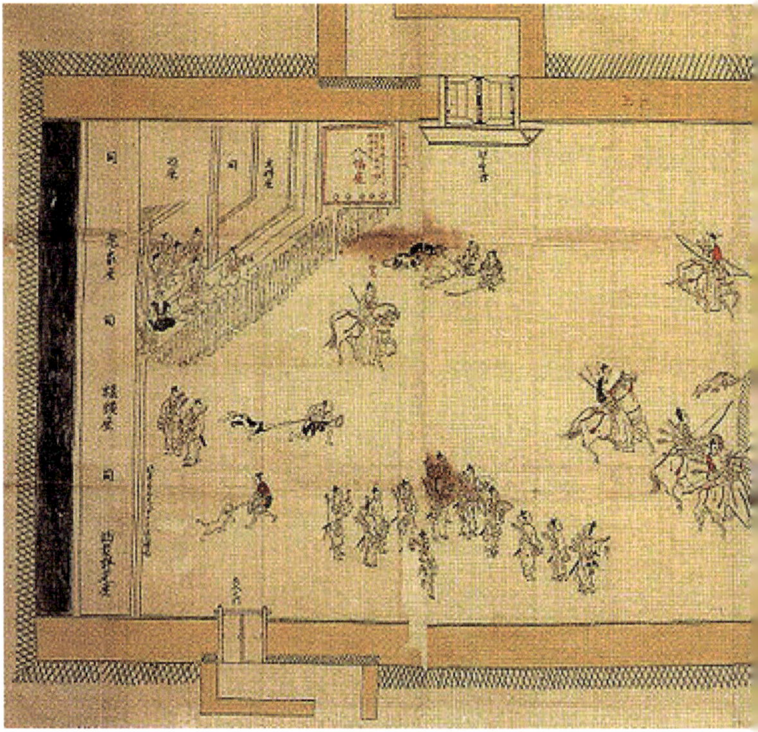

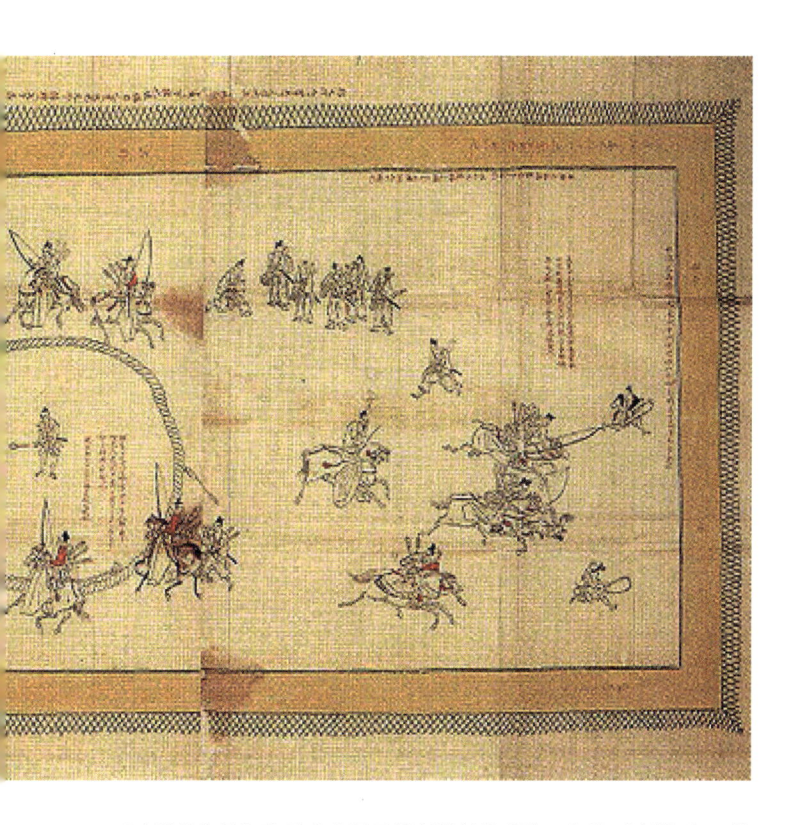

▲ "犬追物"是指骑马武士用弓箭射猎放跑的狗,大约可追溯至13世纪初,也就是镰仓时代初期。(图片来源:土佐光茂作)

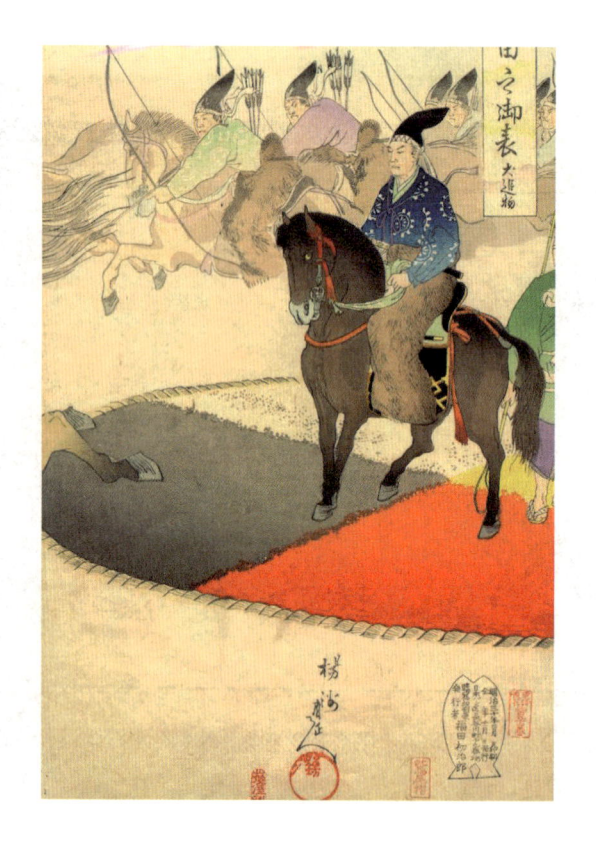

▲ 武士进行"犬追物"时，所用的箭镞是没有箭头的"目矢"，射中狗也只会打中，不会流血，更不会插穿身体。（图片来源：杨洲周延作，福田初治郎发行）

虽然"犬追物"盛行下不会大量杀害狗,但并不代表日本武士便不事血腥及暴力。在当时,斗狗与"犬追物"一样在武士社会里流行,被称为"犬食",就是让受训练的狗互相撕咬。这项供人们观赏的游戏,后来更成为一种赌博。时至今日,斗狗的习俗依然在偏远地区的村落盛行,甚至成为当地的年度活动。

猫与日本的庶民生活

幕府的"生类怜悯令"到了后来主要是针对狗,可能有人会问:"那猫咪又怎样呢?"

就目前的史料来看,并不见日本人有食用猫肉的记载。起码可以说,猫咪已经成为宠物,不像狗一样,是养、食两用。随着社会发展稳定,民间财富开始积蓄,一般人也开始饲养猫咪。但在最初时,百姓仍然只是视猫为治鼠益兽,还没有将猫宠物化。

到了江户时代中期,猫不再是奢侈品,宠物化势在必行。在庶民生活相对丰富的背景下,坊间开始出现一些养猫养狗指南,教导饲主如何处理宠物生病、生理问题等,

▲ 当时"犬追物"的规定也有明确要求，不可瞄准狗的头、四肢及屁股，只可瞄准躯体。（图片来源：杨洲周延作，福田初治郎发行）

也会传授挑选品种较好的猫狗的技巧，跟现代人去宠物店买猫狗饲养的情况十分相似。

与此同时，随着养猫的普及，有关猫的民间传说也顺应潮流出现了，"猫是灵魂附体的媒介""猫会化为人形作恶"等故事、迷信陆续登场。不少更成为江户时期日本人茶余饭后的"鬼故事"主角。

不过，作为防鼠的"天职"，猫仍然被人类寄予厚望。只是，并不是所有猫都能抓老鼠，而且随着人类宠爱加身后，娇生惯养、养尊处优的"猫主人"已经不会抓老鼠了。于是，江户人便想出一个折中的方法，就是"猫绘"。

所谓的"猫绘"，就是江户人认为，老鼠害怕猫咪的天性是不变的，换句话说，即使不是活生生的猫咪，也应该能够吓退老鼠，于是便产生了聘请画师描绘猫的形象，贴在仓库、厨房，当成抵抗老鼠的"符咒"。当然，这个期许算是太高估了老鼠的智力，显然不可能有效果。

然而，这样的风潮一旦形成，各处便冒出了不少擅长"猫绘"的画师，甚至画猫成了当时文化界的时尚，就连江户时代的浮世绘大师、有"猫痴"盛名的歌川国芳，也画了很多猫绘，有的甚至成为他的代表作。猫绘同时也成了一项商机，江户时期日本各地的城下町出现了许多兜售防鼠猫绘的卖家。

以上可见，猫与狗在江户时代的细分已十分明显，猫咪逐渐成为日本人家中的宠物，负责宽慰江户日本人的心灵，满足其精神需要；而狗则充当江户人另一方面的生活所需，生活防卫、卫生净化，乃至果腹充饥的来源。猫、狗作为古代日本人生活上最亲近、投入最多也最复杂感情的动物，为日本人的生活带来了光与暗的点缀，也为我们理解古代日本人的生活及精神世界，提供一个别样有趣的视角。

第八章
欧洲艺术中的千年人狗情

16世纪70年代,英国人凯斯(Iohannes Caius)完成了《论英格兰的犬种》(*Of Englishe Dogges*)一书。一开始,他先把狗粗分为三种:狩猎犬、工作犬、小型玩赏犬。

各有任务的欧洲犬

对于非常具有"实用价值"的狩猎犬,凯斯列举了许多不同的细分标准,比如,可分为专门狩猎大型动物和鸟禽类的两种。前者可再依据天性或狩猎习性进一步分类为:血迹猎犬(Bloodhound)擅长以气味追踪,锐目猎犬(Gazehound)则以视觉见长,葛雷依猎犬(Greyhound)适合长距离追捕。专门猎捕鸟禽的猎犬则统称为斯班尼犬（Spaniel），又按是否善于水域工作而分为陆地型与水域型。至于所谓的工作犬，便是指如牧羊犬、看门犬、送信犬等协助日常生活的犬种。

相对于猎犬与工作犬，小型玩赏犬专门以讨喜的外表受人关爱，进而成了划分性别、身份阶级的象征。凯斯提到，这类泛称为马耳他犬（canis Meliteus）的小型犬，主要源自地中海的马耳他岛，尤其适合（富有的）淑女：这种狗身躯娇小、性格温和，人们认为最能够契合优雅女士的柔美，女士们也爱逗弄它们，与之玩乐一整天。

马耳他犬不只是女士们的玩具，它们还可以进入最私密的卧房，享受最柔软的床垫与高级食物，几乎可说是最亲密的伙伴。如果说这种小型犬没有任何功能也不尽公平，作者凯斯提到，它们的陪伴有助于病人早日恢复，在改善胃痛方面特别有效。因为这些特征，小型犬有着"卧房伴侣""可爱的玩伴"或是"娇柔的小家伙"等别称。

通过《论英格兰的犬种》的论述得以看出，根据不同品种的功能取向，16世纪欧洲的犬只确实有猎犬和小型玩赏犬这两种分类，它们的饲主往往也会对应到不同的身份，最显而易见的便是男女之别。

淑女身边会出现小狗，不仅是装饰，也因为这符合许多人的生活经验或刻板印象；至于以男性为主的狩猎活动假使没有猎犬，就各方面来看，都是难以想象的。虽说这些分界有时因各种特殊情况而略显模糊（例如，富有的男性也会饲养小狗），但大体来说，是存在许久的现象。

上帝创造的完美动物

除了《论英格兰的犬种》，大约在15世纪初出版的狩猎专书《狩猎大师》(*The Master of Game*)，也有助于后人认识近代欧洲的人犬关系。该书专注于讨论猎犬，分类方式简单易懂，依序是追踪犬（Running hound）、葛雷依猎犬、阿兰特犬（Alaunt）、斯班尼犬以及獒犬（Mastiff）等五种。

《狩猎大师》尤其偏好追踪犬，大肆赞美它们的耐力、服从与稳定；随后强调并非每种狗都适合参与狩猎，如性情凶猛的獒犬就比较适合用来当看守犬。该书法文原始版本一同附上了数量可观的精美图片，追踪犬有着自然下垂

▲ 马耳他犬不只是女士们的玩具,还可以进入最私密的卧房,享受最柔软的床垫与高级食物,几乎可说是最亲密的伙伴。(图片来源:提香作《维纳斯和风琴师和丘比特》,普拉多博物馆藏)

的大型耳朵，与立耳的葛雷依猎犬明显不同，至于斯班尼犬则没有前两者的细腰，部分还带有长长的卷毛。

除去比较客观的信息，不难从《狩猎大师》的字里行间体会到作者投注于猎犬身上的强烈情感。内文不厌其烦地多次赞美它们，视之为上帝创造的完美动物，其优点包括了聪明、温驯与理性，唯一不尽如人意的缺点是："它们的寿命并不长，多数只有十二岁。"

《狩猎大师》对如何照顾猎犬的部分着墨颇多，因为对于一个狩猎初学者而言，首要之务便是学习如何照顾猎犬。何时该给予适当饮食、不同季节的散步时间、维持犬舍的整洁，或是照顾刚出生的小狗等，这些都是至关重要的课题。书中当然看不到那种"将狗带到床上一起睡觉"的亲密互动，不过，可以看出作者对猎犬有发自内心的关怀与好感。

以上种种人犬之间的相处模式，也在15世纪法国《贝里公爵的豪华时祷书》（*Les Très Riches Heures du Duc de Berry*）中显露无遗。该书依据传统，包含一系列宗教主题图像，不过也添加了当代人在各月份的日常生活图像，可算得上

▲《狩猎大师》对如何照顾猎犬的部分着墨颇多,对于一个刚开始学习狩猎的初学者而言,首要之务是学习如何照顾猎犬。(图片来源:《狩猎大师》附录)

是风俗画的前身。12个月份当中，狗一共出现在其中5个月份，足见与人类有着亲密互动。1月份的场景是公爵正在宴会，右下角有一只葛雷依猎犬也被允许进入，还有两只长毛小型犬站在餐桌上；5月时，一群人盛装骑马外出，两只小狗跟在淑女骑乘的白马旁边；8月时，贵族带着老鹰外出狩猎，跟随在后的非常有可能是斯班尼犬；11月，一个牧人在看管他的猪群，一只灰毛大狗坐在一旁，专注地盯着同样的地方；在年末的狩猎活动中，狗群啃咬一头刚抓到的野猪。

然而，人犬之间的亲密互动，并非15世纪当时才形成的现象。一切至少可以回溯至数十个世纪以前的历史。

古文明"猛犬注意"

究竟人类与狗是在何时，又是如何接触并生活在一起的呢？直到今日，这依然是历史的大哉问。比较能确定的是，当人类发展出越来越复杂、精密的组织与文化时，狗的身影便始终存在。繁荣的美索不达米亚古文明，以及历史同样悠久的古埃及文明，都曾留下了相当多元的犬只图

▲《贝里公爵的豪华时祷书》8月中可看见盛夏时分,贵族们带着狗打猎。(图片来源:法国尚蒂利 Musée Condé 图书馆藏)

像，有些身躯健壮，有些身材纤细，且毫无疑问地，它们也参与狩猎，并进入了人类的日常生活中。

多亏了诸多保存至今的文字史料，我们得以对古典欧洲文化中的人犬关系形成更立体的认识。公元前4世纪的史家色诺芬（Xenophon，约前430—前354年）在讨论如何狩猎时，特地为"猎犬的挑选与培育"另立一章。他并没有像后代作家那样细分犬只的品种与功能，但有些内容反倒颇为一致：必定要挑选身体强壮、匀称，活力充沛的犬只。而且他早就知道了现代人也熟悉的常识，例如，狗会特别喜欢喂食它的人，取名应该简短好记，最好是像"Porthon""Thallon""Hebe""Bia""Chara"等两到三个音节的字词。

不久后，狗更跃上学术殿堂，成为被研究与记载的对象。古罗马博物学家老普林尼（Pliny the Elder，23—79年），在他的百科全书式作品《自然史》（*Natural History*）中，立场坚定地告诉读者：狗是最忠于人类的动物。他记载的故事多半也是在强调这点。例如，曾经有个公民与他的奴隶因罪入狱，他们饲养的狗始终不离不弃，即便在主人遭遇极刑后依旧陪伴在侧；就连路人给予食物，也是赶快叼去给死去的主人。当主人的尸首被丢入河中，那只狗也一同跳入，就此消失在众人面前。

对狗有相当认识的古罗马文明，自然也留下了不少狗的身影。当时的雕像风格写实，处处展现出狗的动感活力与独特之态，乃至于狩猎时的勇猛凶悍。不过，除了这种偏向实际场景的画面外，也有另一种马赛克艺术令人眼睛为之一亮：写着"猛犬注意"（CAVECANEM）的警告图示，上头再搭配一只被铁链拴住、露出尖牙的大型犬。后人无从得知这户人家是否真的养了一只这样的狗，但证明了狗的功能会依人类需求发展出多种模式，如转化为警告外来者的图腾。

古典时代的人类需要狗，因为它们能打猎、看家、牧羊，对人类忠心耿耿，更重要的是极其讨人欢心，即便它们无法承担工作任务。就如同马耳他犬的相关记载在古典时代就已出现，人类基于愉悦而饲养它们，为之戴上精美项圈，给予无微不至的照顾。有鉴于此，某位古罗马人为爱犬玛格丽塔（Margarita）竖立墓碑的行为就显得如此合乎情理。碑文以狗的视角写成，道尽了主人的关爱与宽容：

> 我大胆地学习奔跑，穿过幽深莫测的密林，追逐山间多毛的野兽。我未曾受过沉重锁链的束缚，我雪白的身体也从未受到责打。我疲倦时总是趴在主人柔软的大腿上，或是蜷成一团安睡于他们的床上。我总是多嘴多舌，笨拙的狗嘴说的都是他们听不懂的话，但没人对我的叫声感到害怕。

千年之后，还会有另一位意大利贵族也为爱犬撰写墓志铭，而这一次，他甚至要求画家留下爱犬的模样。（参见第十二章）

▲ 马赛克艺术令人眼睛为之一亮：写着"猛犬注意"（CAVECANEM）的警告图示，上头再搭配一只被铁链拴住、露出尖牙的大型犬。（图片来源：意大利庞贝城遗址"悲剧诗人之屋"马赛克艺术）

▲ 古典时代的人类需要狗，因为它们能打猎、看家、牧羊，对人类忠心耿耿，更重要的是极度讨人欢心，即便它们无法承担工作任务。（图片来源：朱塞佩·瓦西作，俄罗斯圣彼得大教堂藏）

第二部

那些猫狗眼中的

当猫狗不再只是功能性作用，
进入精神领域中，
究竟会迸出什么样的火花？
猫狗守护人类，参与他们的人生，
而人类对猫狗的生死做出什么贡献？

事

- 宗教
- 艺术
- 语言
- 生死

第九章
古埃及猫狗崇拜

猫狗走入人类生活已有久远的历史。公元前3000年左右的埃及前王朝时期（Pre-dynasty），埃及的工艺品就已经将狗作为装饰的元素，例如，收藏于巴黎卢浮宫的四狗调色盘（Four Dogs Palette）、收藏于牛津阿什莫林博物馆的双狗调色盘（Oxford Palette / Two Dogs Palette）。猫在埃及的驯化时间较晚，但在上埃及的莫斯塔戈达（Mostagedda）的一个史前古墓中，就曾发现有人类与猫同葬。

飞蛾扑火般的埃及猫

说到埃及人对猫狗的宠爱，公元前1世纪古希腊历史

牛津阿什莫林博物馆的
双狗调色盘（正面）

双狗调色盘（背面）

巴黎卢浮宫的四狗调色盘
（维基共享资源）

▶ 埃及的工艺品已经将狗作为装饰的元素，例如：巴黎卢浮宫的四狗调色盘、牛津阿什莫林博物馆的双狗调色盘。

学家狄奥多罗斯（Diodorus）在巨著《历史百科》（*Bibliotheca Historica*）中便提及，并且强调是他亲眼所见，不是道听途说：有位意大利人意外杀死了一只猫，即使当时埃及人畏惧罗马人，罗马统治者也替他求情，仍无法免除对他的惩罚。希罗多德（Herodotus）不只记录下对猫女神芭丝特（Bast / Bastet）崇拜的盛况，也提到一项猫的奇异行径，以及埃及人对此的反应（《历史》2.66.3—67.1）：

> 当火灾发生，奇特的事会发生在猫身上——埃及人因此会分散站岗注意猫，而不顾灭火；猫则会穿行并越过人群，纵身跳入火窟。若发生了这样的事，埃及人便要举行盛大的哀悼。假使一只猫自然死亡在那个房子里，所有的居住者会只剃掉眉毛；但如果那是一只狗，则会剃光头及全身。
>
> 这些猫被送进神圣的屋檐下，在那里，他们被制成木乃伊下葬，在布巴斯提斯城（Bubastis）；狗则葬于各自城市的圣墓里。

谁也没想到埃及的猫竟然会如飞蛾般扑火，而埃及人的应变方式竟然是失火了也不救火，反倒是组成守望队，以防猫做出自杀的行为。猫若死了，埃及人还会剃眉表示哀悼，并将尸体送到芭丝特女神的圣域安葬。对待狗死亡的处置却有所不同，埃及人不只眉毛，而是会将全身上下剃个精光，入殓后直接就地安葬。对其他动物也有不同的处理模式。

埃及话里的猫狗发音

那么，猫和狗的古埃及文又是什么呢？虽然现在已经能够识读大部分的古埃及文，且书写也是以拼音为基础，但他们只书写子音，并不拼出元音，尽管可以从希腊文转写或由埃及文演变的科普特文推测，但古埃及文历时数千年，语音经历过不少变化，正确发音已无从得知。

不过，正如《山海经》中有"其名自叫"的说法，埃及人也常以动物的叫声作为对它们的称呼。而埃及文的"狗"转写拼音为"iwiw"，"猫"则拼写为"miw"。要不要试着发音看看呢？

▲ 希罗多德曾记录下埃及人对猫女神芭丝特崇拜的盛况。(图片来源:悦知文化编辑部)

为猫狗下葬的意义非凡

现代人常将宠物视如己出，当它们过世时，有些人甚至会为它们举办丧礼。而在古埃及，不但人死后会制成木乃伊下葬，不少动物也会因为各种因素，被制作成木乃伊。

1938年5月，埃及学家瑞斯那尔（Reisner）发表了一篇标题为《古代国王给狗一座王室墓葬》（"Ancient King Gives Dog a Royal Burial"）的文章，文章中分享了考古学家在吉萨的新发现。首先，是在接近著名胡夫金字塔西北角的一座第五王朝墓葬（G2196）里，其祭堂壁画中有一幕描绘的是墓主Yasen座椅之下趴着一只狗，然而这并非这篇文章的主角。附近另一座第六王朝晚期墓（G2188）的一块建材显然是"回收再利用"的石板，上头刻有十行字——很幸运的，这是一段能够翻译的完整文字：

> 这只狗是陛下的守卫。它的名字是Abuwtiyuw。陛下下令将它厚葬，从国库赐给它棺椁，以及优良而大量的亚麻布、香料。陛下赐予它香氛的涂油，

并〔下令〕由石匠团为它建造墓室。陛下为它做这些，期望它能够〔在伟大的阿努比斯面前〕得到荣耀。

首先，由这段文字可以注意到，这只狗有名字，这表示它在主人心目中有一定的地位（然而，古埃及的猫通常没有留下名字）。考古学家另外观察到石板的右上角可见一条斜线，认为这原本应该是狗主人墓室浮雕的一部分，斜线则是主人牵着的绳子。虽然目前没有找到 Abuwtiyuw 或其主人的墓，但从这段文字可知，它守卫国王有功，因此几乎是按贵族的规格风光大葬。

在古王国（第三至第六王朝，公元前27—前22世纪），拥有墓葬通常是国王赐予的特权，而且除了棺木，还给了 Abuwtiyuw 相当的陪葬品。它如此受宠，当然连主人都要沾光，在自己的墓中提到他这只备受国王赏识的狗。这位主人的墓可能早已倾颓或被拆解，所以石板才成了他人墓葬的建材。

埃及的贝尼哈桑（Beni Hassan）以挖掘出许多有漂亮壁画的墓而闻名，其中包含埃及最早（约公元前1950年）

的"猫壁画"。Bakhet三世是该地区第十一王朝时期的长官，其墓室中的壁画描绘了一只猫正面对一只体型几乎相等的老鼠。被尊称为"现代考古学之父"的皮特里（Flinders Petrie）在贝尼哈桑也挖掘到一个差不多同期的墓，里面有17具猫的遗骸，还有一排罐子，里面原本应该盛装了让它们死后还可以继续享用的牛奶。

然而，大部分的动物木乃伊并不会拥有属于自己的墓。19世纪时，同样在贝尼哈桑，农民意外挖到一个地下墓穴，里面估计有八万具的猫木乃伊，农民搜刮值钱的饰品和物件后，将木乃伊几乎是秤斤论两地卖掉了，许多成了堆肥。

英国曼彻斯特大学与博物馆于2010年开启了"古埃及动物生物银行计划（Ancient Egypt Animal Bio Bank Project）"，截至2018年初，资料库中已经建档了上千具动物（包括猫狗、鸟类、鳄鱼等）木乃伊的资料。其中只有约三分之一是纯正木乃伊，内含完整的动物；三分之一只包裹了动物的部分；另外三分之一甚至完全没有动物遗骸在内，而是将泥土、木棍、芦苇、蛋壳、羽毛等混合充入。调查也发现，许多猫木乃伊是不到一岁的幼猫，经过层层包裹，实际尸体比外观看起来小许多。这些猫推测是祭坛或神庙中饲养来献祭的，甚至还来不及长大。

从2009年起，考古学家在北萨卡拉的阿努比斯地宫（Catacombs of Anubis）进行深入考察，这个地宫大约建造于公元前750至前30年，属于古埃及晚期（Late Period）到托勒密时代（Ptolemaic Period）。在考古学家清理出的一系列未加装饰的地道里，部分充斥着动物残骸，其中以狗占大多数。有些狗已经长成，而且很可能度过了完整的一生，学者推测这些可能是为了祭坛特地饲养的。找到的残骸裹着绷带，显然是被制作成木乃伊，一些还被施以树脂，但它们互相堆叠，不少已经腐烂，保存情况很糟糕，几乎找不到"全尸"。

由于许多动物木乃伊非常小，团队取样并估算，若塞满地宫，木乃伊数量可能高达八百万。这样的集体墓葬并不稀有，公元前5世纪到访埃及的希罗多德就曾提到埃及人有将猫集中送到布巴斯提斯下葬的习俗，现代考古挖掘也确实在当地找到猫的墓地，但这么大的数量仍然很惊人。当代学者推测这些狗木乃伊是人们还愿的奉献。因为阿努比斯的形象就是一只狗，或狗头人身，人们借由奉献狗木乃伊希望能与神的世界产生某种联系，进而达成愿望或得到眷顾。

但可能也因为以动物木乃伊作为祭品的风气盛行，有不肖商人趁供不应求而造假牟利，以致即使能够被博物馆收藏的木乃伊已是少数，却还有大量的"空包弹"。

是宠物、伙伴，也可以是神

埃及有各种不同的神，许多都和一种或以上的动物有关联。前文提到的阿努比斯就是与狗相关的神之一。阿努比斯其实是它的希腊化名称，埃及文拼写为"Inpw"或"Jnpw"。现在一般形容阿努比斯是黑色的豺狼（Jackal），但古埃及并没有特别区分狗与豺狼，所以，姑且将它们都视为广义的狗。

受尼罗河的眷顾、沿着河岸发展的埃及，国土狭长，聚落分散，有诸多的神话系统，随着王朝与城市的兴盛，地方神祇会跃升为全国大神，一些古老的神可能因此被融合或取代,所以有多种不一定兼容的说法。阿努比斯的崇拜非常古老,总体来说,它是西方／墓地／冥界的守护神。在最广为人知的太阳城九柱神体系里,阿努比斯是奥西里斯(Osiris)和奈芙蒂斯(Nephthys)的儿子,为了让父亲复活,负担起将其身体复原的工作,因此,也是木乃伊制作之神。

埃及宗教文献《亡灵书》中最有名的章节是在奥西里斯面前进行最后的审判,死者的心脏被放置在天平一端,若是心脏比另一端象征真理与秩序的羽毛重,表示此人生前行事不端,就会被在一旁虎视眈眈、拥有鳄鱼头、狮子上身和河马下身的猛兽阿米特(Ammit)吞噬,也就无法进入极乐世界(Duat),开启死后人生。而执行、监看这项重要工作的,正是阿努比斯。

威普瓦威特(Wepwawet,意为"开路者")则是另一个容易和阿努比斯混淆的狗头神(部分观点认为是狼),其信仰也非常古老,但角色渐渐被其他神吸收,其任务之一就是引导通过审判的灵魂进入极乐世界。不过,这项任务有时也由阿努比斯代替。

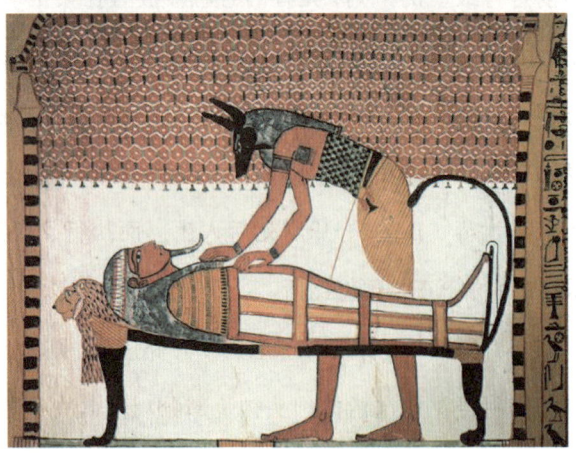

▲ 长得像黑色豺狼的阿努比斯,是奥西里斯和奈芙蒂斯的儿子,为了让父亲复活,负担起将其身体复原的工作,因此,也是木乃伊制作之神。(图片来源:埃及博物馆藏)

▲ 埃及宗教文献《亡灵书》中,死者的心脏被放置在天平一端,而执行、监看这项重要工作的,正是阿努比斯。(图片来源:《亡灵书》,伦敦大英博物馆藏)

▲ 威普瓦威特则是另一个容易和阿努比斯混淆的狗头神（部分认为是狼），其信仰也非常古老，但角色渐渐被其他神吸收，其任务之一就是引导通过审判的灵魂进入极乐世界。（图片来源：埃及博物馆藏）

埃及也有不少神与猫有关，最主要的就是芭丝特。祭祀的起源也很早，但初期是下埃及主掌战争的女神，形象较凶猛，有时也以狮子的模样显现，与狮头女神赛赫美特（Sekhmet）近似。后期慢慢转变成比较柔和的保护神，与姆特（Mut，这个字本身也是埃及文的母亲）、伊西斯（Isis，奥西里斯的妻子，荷鲁斯的母亲）产生联结。

芭丝特的祭祀中心为下埃及的布巴斯提斯，古埃及晚期一度成为法老居住的首都（公元前10—前8世纪）。希罗多德记录道（《历史》2.59.1）：

> 埃及人一年不只举行一次祭典，而是有很多次。最盛大、最热闹的在布巴斯提斯城，为了阿尔忒弥斯（编按：希罗多德将芭丝特等同于希腊的月亮女神）；其次在城市布西里斯（Busiris），为了伊西斯。

为了参加祭典，男男女女在船上（水路是埃及主要的交通方式）吹笛歌唱，每到沿河市镇便上岸庆祝。抵达布巴斯提斯，他们供奉丰盛的祭品，并且饮酒狂欢，据说喝掉的酒水比一年其他时候的总和还要多，参与的人数更是高达数十万。希罗多德的访查记录提供了许多珍贵的信息，但并不是全部都可靠。幸好博物馆收藏中有不少第二十六王朝（公元前664—前525年，即埃及第一次被波斯入侵，也是希罗多德到访之前的埃及王朝）以后的青铜猫／芭丝特雕像，佐证了此信仰在当时的盛行程度。

光明与正义的护持者

猫也是古埃及主神之一——太阳神"拉"（Re或Ra）的其中一种形态。神话中，拉是光明与正义的护持者，而永恒的死对头正是混乱之神"阿佩普"（Apep），它希望让人间陷入无止境的黑暗。每次入夜就是拉与阿佩普大战的时候，而日出就是拉的胜利，光明得以重回人间。

学者推测，猫会进入人类的生活与其"除害"的功能有关。当人类开始定居并以农业为主要的生产活动，大量的作物库存吸引来不少害虫和害兽。看上猫捕杀蛇鼠之类的能力，人类开始以食物诱引它们前来，久而久之它们就成了家庭宠物。因为阿佩普的形象就是一条巨蛇,所以拉便化身为有能力与之对抗的猫。

有趣的是,图像中变身为猫的拉也不是直接以爪子攻击巨蛇阿佩普,而是以人的方式拿刀斩杀。由于阿佩普居住在黑暗／冥界之中,有时候也被认为是吞噬亡魂的恶魔,所以部分《亡灵书》也有对付阿佩普的咒语以及关于拉击溃阿佩普的描绘,帮助死者安全通过冥界。

抵御外敌也守护家庭

前面提到的 Abuwtiyuw 因为工作能力深受法老肯定,而被赐予供它安息的坟墓。第十一王朝也有一位爱狗的法老。法老建造墓室让自己死后得以安歇,也不忘立个石碑记述自己的丰功伟业。考古学家在因提夫二世(Intef Ⅱ)位于底比斯(Thebes)的坟前祭庙中找到另外一块石碑,法老脚边伴随着五条狗,还都分别标示出它们的名字,可见对它们的重视及宠爱。

到了强盛的新王国时期(公元前 16—前 11 世纪),狗显然还是有一定价值或受欢迎的动物。著名的女法老哈特谢普苏特（Hatshepsut）派往彭特（Punt）的远征队，带回了许多珍贵的东西，例如：香料、象牙、动植物，其中也包含狗。在位时间长，并且带领埃及走向巅峰的拉美西斯二世（Ramesses Ⅱ），南方的努比亚向他进贡的贡品中也有狗。法老打猎甚至上战场的画面中，也能看到狗与法老一同抗敌的身影。这有可能是真实情况的展现，但狗也可能有其他象征意义，所以能与法老共同对抗邪恶。

不同于狗，猫并不出现在战争场面里。墓室壁面的装饰中，猫通常出现在两种地方，一为女主人的座椅下，一为渔猎场景。这些画面看似写实，但埃及的艺术常有第二层象征含义。猫或坐或趴在座椅下，呈现的是居家的画面，但如前所述，猫是芭丝特女神的化身，所以，同时也有守护这个家庭的意味；渔猎除了是食物的来源，也是受欢迎的贵族休闲娱乐，是常见的墓室壁画场景之一。然而，画面中墓主手持武器，和法老墓中征服外敌的场面可说是有异曲同工之妙，两者都象征着对抗邪恶／混乱，并守护着墓室，阻挡外来者的入侵。

▲ 猫也是古埃及主神之一——太阳神"拉"（Re 或 Ra）的其中一种形态。（图片来源：埃及博物馆藏）

第十章
玛雅文明的汪星人足迹

皮克斯动画《寻梦环游记》（*Coco*，2017）以墨西哥亡灵节为背景，片中除了描写怀抱音乐梦的主角米格尔与家人真挚的感情，还有他与宠物狗但丁（Dante）在亡灵世界一连串的冒险。《寻梦环游记》感动了万千观众，获得极高的评价。不过，你知道剧情中宠物狗带领主角前往亡灵世界的设定，可能与中美洲古代文化有密切的关系吗？

与狗有关的字符

《寻梦环游记》中的狗但丁，如果从外形与剧情设定来看，应该是墨西哥无毛犬。墨西哥无毛犬在墨西哥语称

▲ 墨西哥无毛犬在墨西哥语称为"Itzcuintli",与闪电、死亡之神"Xolotl"有密切的关系。(图片来源:博尔吉亚手抄本)

为"Itzcuintli",与闪电、死亡之神"Xolotl"有密切的关系。故今日墨西哥无毛犬的当地名就是由这两个词合并而成的"Xoloitzcuintli",由此可以知道,但丁在电影中作为圣兽的一员,可说是当之无愧。

在玛雅文字中,与狗有关的字符分别有"Tzi""Tzul""Oc"这几种写法。例如,后页图就是玛雅文字"狗"的拼音型写法。很多人会被"象形文字"字面上的意思所迷惑,以为玛雅文字没有办法表示拼音。不过,经过国际学者数十年的研究,我们逐渐知道,玛雅文字是一种混合文字,一个字义可能会有好几种不同的写法。基本上,可以分为三类:象形态、表音兼象形形态、表音形态。而后页图就是拼音形态的"狗"。

后页图左排最下方的字符,是"Tzu"的表音字符,有些铭文学者认为,这个音符可能是从狗肋骨的形态演变而来,不过这个说法还有讨论的空间。右边则是"lu"的表音字符。玛雅文字如同日文,必须由音节来形成一个字符,所以"Tzul"的"l"子音,必须补上一个元音,成为音节。而补足元音的规则称为"CVC"原则。这个字则是依据前

▲ "狗"的拼音型写法。很多人会被"象形文字"字面上的意思所迷惑,以为玛雅文字没有办法表示拼音。

一音节的元音，因此形成音节"lu"。

至于"Oc"则不完全是狗的意思。实际上，它是一个卓尔金历法的符号。卓尔金历是一个以260天为周期的宗教历法，由13个数字与20个名字相异的日子相互配合而成。历法的第一天为"1Imix"，第二天则为"2Ik"，第三天为"3Ak'b'al"。以此类推，一个卓尔金历的周期260天。而"Oc"就是第十个历法字符，这个字符是一个圆圈内包着一个狗的象形符号。

神圣的能量，灵魂的概念

根据一些民族志资料得知，近代玛雅人认为在Oc日出生的小孩，可能拥有饲养犬只的天赋。但我们不能确定古典期（约250—900年）的玛雅人是否也有这个习俗。在中美洲各个不同文化的历法文字中，也可以看到狗的踪迹，例如阿兹特克（Aztec）和米斯特克（Mixtec）的历法文字。

其次，狗当然是人类的好伙伴，好到足以变成守护神。古代玛雅人认为这个世界充满神圣物质——瓦伊（Way），瓦伊有时候会存在于动物身上,使某些动物成为人的守护神。如果我们要用现代的宗教观念类比,"瓦伊"是一种神圣的能量,类似于灵魂的概念。

我们可以看到瓦伊的文字图形包含了半人半动物的形象,这象征着超自然的力量或是动物守护神进入人类身体。根据研究,考古学家推论玛雅人认为每个人都具有一个或是数个超自然守护神,而这些超自然守护神多半是具有神圣力量的动物。我们可以从许多出土文物的装饰图案看到,许多动物都被玛雅人视为具有神圣力量的守护神。

◀ 我们可以看到瓦伊的文字图形包含了半人半动物的形象,这象征着超自然的力量或是动物守护神进入人类身体。

例如，从某些玛雅陶器的装饰上，就可以看到作为守护兽的玛雅狗。例如，编号 K1181[①] 的陶器上，就有三个动物，从左至右，分别是猴子、狗、青蛙。在这三个动物旁边都有 U-way 的象形文字，而这也代表这些动物作为动物守护神的情形。看到这里，有没有恍然大悟：原来《寻梦环游记》中的守护兽，很可能是这样来的。

根据少数的文物装饰，我们可以看到狗跟货物的关联性。例如：某件陶器上绘着狗坐在陶罐与包裹前，往陶罐内看的情景。陶罐内有象形文字，可能是美洲豹的意思。陶罐下以十字结包裹的东西，一般来说，代表货物或是贡品；也有研究者认为此处是将狗描绘为贡品、货物的看守者。这强调了狗与货物、商业之间的关系。关于这点，我们必须先将讨论延伸到一个经典的玛雅陶器文物上，即编号 K594[②] 的陶器上。

这件陶器出土于危地马拉南部高地区的 Ratinlixul，年

---

① 关于这件陶器，请参看 http://research.mayavase.com/kerrmaya_hires.php?vase=1181

② 关于这件陶器，请参看 http://research.mayavase.com/kerrmaya_hires.php?vase=594

代大约是7至9世纪。陶器上，有个可能是上层阶级的人坐在一顶轿子上，前后有一串队伍簇拥着。轿子下有一只狗。相同的画面也出现在其他地区的出土陶器上。所以，考古学家称这样主题的陶器为"Ratinlixul Vase"。

20世纪60年代，玛雅考古学可说是汤普森（Eric Thompson）的年代，他对玛雅文化的诸多看法，成为那个年代考古研究的预设前提。只不过在他死后，大多数的看法都被证明是错的，至于为什么是死后，这就是另外一段故事了。由于这件文物相当有趣，汤普森曾就这件文物发表他的看法。他认为这件陶器的图样呈现了一个商队前往远地贸易的场景，轿子上坐着的可能是贵族或是商人，其他人是他的仆从，狗则是商人重要的伙伴，他们带着狗出远门。正如我们前面提到的，狗与货物、商业连接起来。

但是，随着考古与铭文破译的进展，我们对于玛雅图像的解读越来越深入。2001年，另一位考古学者贾斯丁·柯尔（Justin Kerr）综合比较了三个相同母题的陶器，认为汤普森的说法应该被修正。首先，他考察了陶器中坐轿者的身份，发现其额头上都有明显的卡维尔神（K'awiil）的装饰符号。由此推测，坐轿者就算不是国王，也应该是贵族。

所谓卡维尔神的装饰符号，在这里指的是从额头延伸出的斧头状的装饰物。这样的装饰物广泛出现在有卡维尔神的文物中。同时，卡维尔神被认为是王室的守护神，有王室成员出现的场景，就经常发现这个元素。另外，柯尔还援引了帕伦克著名的帕卡尔大君（K'inich Janaab' Pakal）的石棺盖，棺盖上的帕卡尔也装饰着卡维尔神的头饰。

人类进入死后世界的向导

那么，狗在这些陶器里到底扮演什么角色呢？

我们可以根据几个证据来判断，一则是我们发现卡维尔神出现在统治者坠入死后世界的场景中，可以确定坐轿者不是商人。另一方面，我们也从考古、民族志、雕刻等途径知道，中美洲文化大多认为狗是人类进入阴间的向导。综合这几点，我们可以知道"Ratinlixul Vase"不是描绘商队的场景，反而可能是统治者或贵族丧礼的场景。轿子下的狗，就是人类前往死后世界的向导。

2008年夏天，考古学家在墨西哥城阿兹特克大神庙遗址的发掘工作中，发现了一个新出的证据，证明狗在人死后世界之旅中的重要作用。根据资料，这只狗被称为亚里斯多犬，2010年11月的《美国国家地理杂志》曾经报道过这个发现。亚里斯多犬出土于大神庙遗址中，脖子系着一条玉珠项圈，耳朵塞着绿松石，脚踝挂着缀纯金铃铛的脚链。从今天的标准来看，这只狗也够珠光宝气了，全身行头应该相当值钱。

亚里斯多犬出土的位置也非常有趣，来自考古学家所称的125号祭品箱内。祭品可以分为三层，最上一层是一只雕，伴随着黄金与玉饰品，还有经过装饰的刀。考古学家认为这代表了黑夜的力量。第二层则是许多的海洋贝类、甲壳类、海胆的遗留物，这代表了前往阴间需要经过的危险水域。这个概念在中美洲文化中相当常见。

回到 Ratinlixul Vase，我们现在可以解释为：这是在描述玛雅国王或是贵族的葬礼队伍，轿子下的狗反映了玛雅人乃至整个中美洲的信仰——狗是人类前往死后世界的引路者。大家不妨回想一下《寻梦环游记》的剧情，是否就是但丁引领着主角米格尔前往亡灵世界，寻找他热爱音乐的祖先呢？无论是巧合或是刻意安排，我看到这段剧情，都不禁会心一笑。其实，中美洲古文化在2012年末日预言热潮退了之后，还是存在于我们的生活周遭。

再来看一个相当经典的案例。在Tonina遗址出土了一只石雕狗，其背上刻有铭文，经著名的铭文学家大卫·斯图尔特（David Stuart）释读，这排象形文字是：

U-tz'i-i / AJ-ka-ka-wa / 2-WINIKHAAB?/ AJ-?-K'UK'?

u tz'i' aj kakaw cha' winikhaab(?) aj?k'uk'(?)

"ajkakaw"的意思是"可可豆主人"。过去在卡拉克穆尔（Calakmul）遗址，曾经发现一些"aj－职业名称"的铭文，但发现可可豆从业人员还是第一次。开头的"utzi"则是"他的狗"之意。整段意义便是指这是可可豆主人的狗。后面两个字则透露了墓主的年龄，大约四十岁。这件文物当然也反映了狗在主人死后世界所扮演的重要角色。不过，就像大卫·斯图尔特在解读文后的感慨，这不但是一只引领主人前往死后世界的狗，它也可能是真实与主人一起生活的狗，反映了古代玛雅人与宠物狗之间的感情。我们不妨将这个发现辅以想象，它与主人或许就像米格尔与但丁一样,有着真挚的感情,一起前往死后世界。

由此可知,"狗是人类最忠实的朋友"这句话也适用于玛雅文化。

▲ 这不但是一只引领主人前往死后世界的狗，它也可能是真实与主人一起生活的狗，反映了古代玛雅人与宠物狗之间的感情。〔图片来源：爱德华·托普塞尔作，《四足兽志》(*History of Four-Footed Beasts*)〕

第十一章
中国神奇猫狗传说

先秦时期相当重视祭祀,不管是什么活动都有相应的祭仪礼节,而猫也在这项神圣的仪式中扮演了一个重要的角色。《礼记·郊特牲》指出:"古之君子,使之必报之。迎猫,为其食田鼠也;迎虎,为其食田豕也,迎而祭之也。"

亦正亦邪的猫与狗

在古代,每年十二月腊八,农事间歇之际,便会举行迎猫神和虎神的祭典,为感谢猫吃掉有害农作物的田鼠,以及老虎吃掉毁坏农田的野猪。这里的迎猫是指祭祀猫神，但猫神到底是何方神圣，又是指什么样的动物？

在《旧唐书》中也详细记载了"祭猫"的仪式，同样在每年岁末，农事已毕，天子会在都城南郊腊祭百神，猫神便是其中之一，被祭拜的还有青龙、白虎这样的神兽。猫享用的牲礼是少牢，即羊、猪各一，等同于诸侯的待遇，完全展现了猫在祭仪中的重要性。

除了神格化的猫，古人在现实生活中也对猫相当恭敬，当时若要养猫，必须先获得母猫饲主的允诺，等待幼猫降生。迎接奶猫时，一定要送上"聘礼"，如同嫁娶一般慎重。在《猫苑》中便有"古人乞猫必用聘"的记载，且各地有不同的习俗，潮州人用糖、绍兴人用苎麻、浙江人用加了醋的盐，因地制宜的风俗不仅各具特色，更能从中窥见人们对聘猫之仪的审慎态度。

> 吴音读盐为缘，故婚嫁以盐与头发为赠……今聘猫用盐，盖亦取有缘之意。

人用盐聘猫，背后有着求其缘分的含义，也就是这样珍重的心意，使得人猫之间的关系更加紧密。唐宋之后咏猫的作品越来越多，除了让我们看见更加丰富多样的猫咪，也让我们了解不同时代，猫在文人心中的地位演变。

南宋诗人陆游的著名诗作《赠猫》："裹盐迎得小狸奴，尽护山房万卷书。"狸奴指的便是猫，这里的奴并非轻视或贬抑，而是类似于女子在心仪男子前自称为"奴家"的亲昵口吻。

从此诗中可看出，以盐迎猫在民间已相当盛行，且亦可印证上述提到"养猫护书"的功能性。虽然以现今的角度来看，"狸奴"不把我们"猫奴"的书当成猫抓板就已经是万幸了，但不可否认，猫在此时的文人生活中占有一席之地。

汉代狗"灾异"预言成真

汉代人相信为政者失德的时候，上天会降下谴告，以天灾或怪事来警惕为政者，这叫作"灾异"。汉武帝的孙子昌邑王刘贺曾一度当上皇帝，却被权臣霍光废黜，后来被迁徙到南方当海昏侯，近年他的陵墓在江西被发现，墓中的许多珍宝颇受世人关注。

当刘贺还是昌邑王的时候，曾经看到没有尾巴的大白狗戴着乐人、舞者戴的方山冠。刘贺问经师龚遂，龚遂表示，这是上天给的警戒，在王身边的人都是戴着冠的狗，赶快远离这些人吧。以结果论而言，刘贺当然没听进去。汉人还认为，刘贺从皇帝降为列侯，当他去世时，有资格继承爵位的儿子都已早逝，朝廷不愿再安排继承人，海昏侯国因此被废除，这是应验了大白狗"没有尾巴"的预言。

两汉之际的《新论》提到两只狗作怪的故事，最后狗的下场都很悲惨。有一个叫作吕仲子的人，家里的婢女去世了，但是好几次回来帮四岁的小孩洗头、洗衣服。道士说，这是婢女家的青狗变的，把狗杀掉就能阻止。

另一个叫作杨仲文的人也说，认识的人家里的老妪去世了，突然又爬起来吃东西还喝醉酒，而且还不止一次。后来老妪喝醉了，露出老狗的原形，那户人家便把狗打死了，事后到处询问才知道，是卖酒人家的狗。

当然，家里出现这种怪事，一般人难免害怕，但是也有胆子大的人完全不怕。《风俗通义》记载了一个故事，主角叫李叔坚。李叔坚年轻的时候，在官府当小吏。家里的狗用人的站姿走路，家人都认为应该要杀掉它，李叔坚却说："狗看到人走路，就学习模仿，有什么关系呢？"

有一天李叔坚下班回家，把冠放在榻上，狗就把冠拿来戴着走，家人大吃一惊，叔坚又说："狗不小心碰到冠，钩着冠缨才看起来像戴上罢了。"没想到，狗又到灶前积储火种，这时家人都快吓死了，叔坚依然说："儿子、婢女都在田里劳动，狗帮忙积储火种，恰好可以不用劳烦邻居帮忙，这有什么坏处。"

狗的行动如此诡异，李叔坚却始终不肯杀害它，过了几天，狗突然自己死掉，最后终究是没有发生任何坏事。处变不惊的李叔坚后来升官至桂阳太守，当了大官。

成书于东晋的《搜神记》记载了一个孙权时代的故事，主角叫作李信纯。李信纯家里养了一只叫"黑龙"的狗，看来是只黑狗。李信纯非常喜欢黑龙，到哪里都带着它，吃什么东西都分给狗吃。有一天，李信纯到城外喝酒大醉，来不及回家，就躺在草丛里睡觉。这时太守郑瑕出猎，看到田野的草长得太高了，就派人放火焚烧。

李信纯躺的地方刚好顺风，黑龙看到火势扑来，就用嘴拉扯信纯的衣服，但拉不动。附近刚好有一条小溪，黑龙于是冲进水里，用自己的毛吸水回到信纯躺卧的地方，用身体在信纯周围洒水。主人因此幸免于难，但黑龙却筋疲力尽，就在主人身边倒毙。

李信纯醒来后，看到黑龙已死，全身的毛都是湿的，还觉得很惊讶，直到看到火焚烧的痕迹，才知道黑龙舍命救了自己，于是失声痛哭。太守听闻这件事之后，十分感慨，于是下令准备棺材衣物等葬具，帮忙安葬黑龙，后来当地就有了义犬冢的传说。

可惜汉代没有看到类似的记载，但相信像李信纯与黑龙那样人犬情深的关系，在哪个时代都存在。

隋唐的猫鬼故事

隋唐时代出现的"猫鬼"传说，也让某些人开始惧怕猫，其中最著名的故事，便发生在隋代的独孤陀身上。

猫鬼是一种巫蛊之术，这种法术将老猫的灵魂依附在人身上，以咒语驱使便能让人重病，最后吐血而亡。更重要的是,"其猫鬼每杀人者,所死家财物潜移于畜猫鬼家"。若役猫鬼杀人,即可获得被咒者家中的所有钱财,让有心人不惜铤而走险也要供养猫蛊。

根据正史《隋书》记载,隋文帝独孤皇后的异母弟弟独孤陀,家中有一名从母亲娘家带来的婢女唤作徐阿尼,一直奉养着猫鬼。

有一日,独孤陀嚷嚷着要喝酒,他的妻子说家里已经没有闲钱可以买酒喝了,正愁没酒喝的时候,独孤陀遂想起徐阿尼这个婢女,命令她用猫鬼去越国公杨素家偷点钱来用。偷了一次还不够,他食髓知味地再次叫徐阿尼使唤猫鬼,这次偷到了皇宫,也就是他姐姐独孤皇后身上。

这样一来一往之下,独孤皇后和杨素之妻郑祁耶双双出现了类似的病症,宫中的御医诊断后都说这是"猫鬼病",隋文帝一听惊觉不妙,便亲自召来独孤陀审问,独孤陀当然是打死都不肯认罪,不管如何旁敲侧击始终否认到底。隋文帝拿他没辙,却也十分不满,将他降为迁州刺史,再令左仆射高颎、纳言苏威、大理正皇甫孝绪、大理丞杨远等人好好盘查,务必要让真相水落石出。

最终，徐阿尼受不了拷问，便将受到独孤陀指使命令猫鬼窃财之事一五一十地说了出来。口说无凭，负责审查的官员杨远特别准备一间空屋，要徐阿尼把猫鬼叫出来看看。到了晚上，徐阿尼准备了一碗"香粥"，用汤匙轻轻敲着碗缘说："猫女可来，无住官中。"过了不久，她的脸色慢慢发青，四肢像是被扯动一般，口中说着"猫鬼已至"。

知道真相的隋文帝大怒，本要赐死独孤陀夫妇，但拗不过独孤皇后的求情，最后将独孤陀贬为平民，其妻出家为尼，后来没多久独孤陀便过世了，这场猫鬼风波才渐渐落幕。此事过后，隋文帝依旧心存余悸，为了杜绝后患便直接下诏："畜猫鬼、蛊毒、厌魅野道之家，投于四裔。"

除了独孤陀，人人皆知的武则天也曾下令宫中不许养猫。《旧唐书》里记载道，当时尚为昭仪的武则天善于心计，在后宫佳丽的争宠中脱颖而出，心狠手辣的她派人缢杀已被废为庶人的王皇后和萧淑妃，又剥夺了她们的姓氏，并且将其亲朋手足配流岭外。

原为淑妃的萧良娣心有不甘，在狱中大骂并诅咒道：

"愿阿武为老鼠，吾作猫儿，生生扼其喉！"自此，武则天下令"宫中不畜猫"，将猫看作不祥之兆。且唐代律法对私养猫鬼的刑法也更加严苛，只要发现有人养猫鬼，就处以绞刑，周围住家视为同谋，如果当地刑事长官没有及时发现，也要流放三千里。

猫的双面性在中国古代发挥得淋漓尽致，有人爱它敬它，也有人惧它怕它。同样在现代社会中，猫依旧是亦正亦邪的代表。不过依照现况来看，爱猫人士的比例大概远远超过于恐猫症患者吧。

▲ 原为淑妃的萧良娣心有不甘,在狱中大骂并诅咒道:"愿阿武为老鼠,吾作猫儿,生生扼其喉!"自此,武则天下令"宫中不畜猫",将猫看作不祥之兆。(图片来源:维基百科,佚名)

第十二章
从欧洲美术看狗的地位

有太多图像与文字史料指出，在欧洲文化中，人与狗的关系可以回溯至好几个世代以前。人类需要狗的协助，如此一来，才能更有效率地狩猎、确保财产安全，或是单纯享受心灵上的一丝温暖。因为亲近，狗也可以说是人类观察、研究最透彻的物种之一，而且时常被赋予极正面的评价，其地位有时堪比其他人类。

更重要的是，狗也是人类建构社会、文化结构的重要元素。狗的形象不时受到拟人化影响，诸如"勇敢""忠诚"等；人类在赞美狗时，多少也抱有"道德教化"的企图。狗还可当作界定性别、社会地位等人为规则的参考条件，就如同淑女不太可能和大型猎犬相处，而一个男人假使有一批好的猎犬，通常也代表着他善于管理、指挥；又或是说，比起敏捷的猎犬，屠夫更喜欢可压制犼牛的獒犬。换言之，犬只品种是判断饲主身份的绝佳参考资料。

受尽宠爱的鲁比诺

1462年，曼托瓦（Mantua）侯爵卢多维科三世·贡萨加（Ludovico III Gonzaga，1412—1478年）因故在外，他焦急地写信给妻子，要求她赶快派人寻找因一时疏忽而走丢的爱犬鲁比诺（Rubino）。侯爵不久后收到妻子的回信，告诉他别担心，因为鲁比诺早在当天稍晚就已自行返回家中，等待主人的归来。

卢多维科三世同时饲养了数条猎犬，但鲁比诺肯定是最受喜爱的一只。它被允许自由进出每个房间，毫无限制地跟随在侯爵身边；走失时，侯爵不计一切代价要把它找回来。此后，鲁比诺的情况仍不时出现在侯爵夫妇俩的通信中。到了1467年，鲁比诺生了一场重病，病情虽一度好转，最后仍不敌病魔而在同一年逝世。人在外地的侯爵吩咐妻子，应当好好保存爱犬的遗骸，日后为它建一个体面的坟墓，以便每日追思过往回忆。

话虽如此，没人知道鲁比诺的坟墓究竟位于何处。侯爵可能因为种种原因并未设立，也可能是完成后，又遭遇人为的破坏而永远消失。不过，他特地为鲁比诺撰写的墓志铭顺利留了下来，其中写道，鲁比诺对主人的爱慕与忠诚毋庸置疑，拥有专属坟墓是应得的尊荣待遇。在侯爵的家族史中，至少还有两只分别名为薇欧拉（Violla）和贝拉（Bella）的狗也受到如此待遇，感谢它们的忠诚与在世时带来的欢乐。

当鲁比诺还能活蹦乱跳时，侯爵卢多维科三世委托艺术家曼特尼亚（Andrea Mantegna，1431—1506 年）在曼托瓦的家族宫殿中绘制壁画，主题是侯爵的日常生活样貌。画中侯爵坐在专属座椅上，正转头与人交谈，周围陪伴者皆为家族成员或身旁亲信，比如中间坐着的贵妇，便是当初受托去寻找鲁比诺的侯爵夫人。而在卢多维科三世的座椅下，有一只狗安稳趴着，就时间点及侯爵本人的书信内容来看，只有鲁比诺才有这个机会被当作家族成员对待,一起成为画中角色永垂不朽。

　　这幅壁画还传递了不少重要讯息。首先,对文艺复兴时代的人而言,宗教故事不是艺术创作的必定选项,充满世俗风味的日常景象也是受人喜爱的主题。其次,追求写实感的绘画理念正逐渐成为重要精神,比起中世纪,要更重视人物身体比例,而这些态度,也套用在动物图像的相关描绘上。这使我们有机会知道鲁比诺不仅是只猎犬,而且还是一只红棕毛色的垂耳猎犬。曼特尼亚在同一时期也画出了侯爵的其他爱犬,模样都清楚可辨,包括一只卷毛斯班尼犬。

　　在罗马帝国灭亡后,中古欧洲从未停止记录、描绘犬只模样,前面曾提到的《狩猎大师》及《贝里公爵的豪华时祷书》即为其中案例。更早期的例子,还有描绘"征服者威廉"(William the Conqueror,1028—1087年)征服英格兰的《贝叶挂毯》(Bayeux Tapestry)。然而,曼特尼亚的作品更写实地表现狗的外观,以及其与人类之间的亲密互动;随后还会有更多艺术家专注描绘狗的神情与姿态,有时狗还被塑造为不下于人类的主角。比如说,以描绘

▲ 卢多维科三世的座椅下,有一只狗安稳趴着,就时间点及侯爵本人的书信内容来看,只有鲁比诺才有这个机会被当作家族成员对待。
〔图片来源:曼特尼亚作,《婚礼堂》(局部)〕

▲ 曼特尼亚在同一时间也画出了侯爵的其他爱犬，模样都清楚可辨，包括一只卷毛斯班尼犬。〔图片来源：曼特尼亚作，《婚礼堂》（局部）〕

人物肖像和神话故事出名的提香（Tiziano Vecelli，1488—1576年），时常将小狗融入作品中，即便从绘画主题来看没有必要如此。同时代的画家委罗内塞（Paolo Veronese，1528—1588年），则将一只只形态各异的狗放入宗教故事，为宗教画营造出此前未见的日常氛围。

挂毯中的千年情感

《淑女与独角兽》（*La Dame à la licorne*）以及《狩猎独角兽》（*La Chasse à la licorne*）这两组作品，就具体而微地点出了人狗之间复杂的千年情感。里面包含了数个世纪以来欧洲文化对狗的理解、看法与依赖，其他的艺术作品如鲁比诺的画像，或是版画中的群狗图像，虽不见得有风格或技法上的传承，但在看待形态各异的狗时，其中确实存在大同小异的态度。追寻狗的历史，某种程度上也是探究人类的历史；如果忽略了这点，就永远无法更深刻理解《淑女与独角兽》以及《狩猎独角兽》这两组挂毯的动人之处。

《淑女与独角兽》，多数人习惯以此称呼法国国立中世纪博物馆（Musée national du Moyen Âge）所收藏的一组

▲《淑女与独角兽》挂毯图案的主角是一名穿着讲究的年轻女子,身旁有数只大、小动物,其中又以狮子与独角兽最为醒目。(图片来源:法国国立中世纪博物馆藏)

精美挂毯。其创作于16世纪初的佛兰德斯地区，即今日的荷兰、比利时一带。挂毯图案的主角是一名穿着讲究的年轻女子，身旁有数只大、小动物，其中又以狮子与独角兽最为醒目。每幅挂毯各有不同主题，淑女与动物会依此摆出不同姿态与互动模式，独角兽有时在一旁撑着旗帜，有时又是趴在淑女的腿上。

至于这些挂毯究竟是在述说什么故事，或是应以怎样的顺序观看，因缺乏明确史料，加上抽象的内容主题，学界至今依然未达成共识，可能永远也不会达成共识。少数没有争议的地方，大概只剩下"这是一组极为精致的作品"。

《淑女与独角兽》以鲜艳玫瑰红为底色，再以"百花集锦风"（millefleur）饰以繁杂的花草植物，造型高贵华丽。画面中为数不少的小动物，特别是可爱的小狗更有画龙点睛之效。以系列中的"唯一所欲"（*À Mon Seul Désir*）为例，一只像是马尔济斯犬的小狗安坐于一旁矮桌上，另外还有两只小型犬（狮子左侧与画面右上角）以轻松姿势陪伴在侧。创作者显然有意强调这三只小狗绝非野狗，柔顺毛发与精致项圈，在在说明它们都是受人关爱的家犬。虽非主角，这些小动物确实让整个画面增添不少童话般的闲暇气氛。

《淑女与独角兽》问世时，大约在同一时间的佛兰德斯，另一组名为《狩猎独角兽》的系列挂毯也正式完成。这一次，狗化身为不可或缺的主角。该组挂毯有非常清楚的故事主题，也就是人类追踪、围捕并猎杀独角兽的过程。

一开始，大批猎人带着猎犬与武器进入森林，在水池旁看到独角兽，训练有素的猎犬乖乖在林间待命。时机一来，人类发出信号，所有猎犬开始行动，其中一只在追捕中被独角兽刺伤。下一幅挂毯只剩残片，画面大致是一位处女吸引独角兽跑到陷阱中，此时正有两只猎犬准备飞扑上去。最后一幕，独角兽陷入层层包围，不敌人类与猎犬的通力合作，体力耗尽被捕身亡，这群猎人最终得以带着珍贵成果而回。

就《淑女与独角兽》与《狩猎独角兽》的图像表现而言，可看出狗的形象有着巨大差异，一种是安静、玩赏用的小型犬，另一种则是凶猛、精力旺盛的大型猎犬。造成

▲《狩猎独角兽》系列挂毯有非常清楚的故事主题，也就是人类追踪、围捕并猎杀独角兽的过程。（图片来源：纽约大都会美术馆藏）

个中差异的原因，不仅是基于构图安排或画面氛围上的需求，某种程度上更在于反映当时欧洲的犬只功能与文化含义。

简言之，《淑女与独角兽》和《狩猎独角兽》这两组挂毯所呈现的犬只，绝对不是单纯的画面装饰。人类相当依赖狗的帮助，但也因为狗忠诚、可爱、善于观察人类，它们在工作之余，也可以是非常亲密的日常伙伴。我们当然难以否认这两组挂毯都暗藏了其他让人无法一眼看穿的讯息，毕竟独角兽自古以来便是人类不断诠释的奇幻动物；但在观看挂毯中的犬只时，至少可以确信，它们都是 15 至 16 世纪欧洲人犬关系的缩影。

版画里的狗狗秀

正当诸位艺术家纷纷以高超技术展现人犬关系时，"版画"逐渐兴起，人们可借此更大规模地传播狗的形象与故事，其主题的多元性与影响范围，都远非成本高昂的壁画或手工缮本书所能及。出版于 16 世纪中叶的《四脚动物与蛇类的历史》(*The History of Four-footed Beasts and Serpents*)

便是代表之作。

这本书主要的创作精神在于整理与发扬古典知识,与现代意义上的科学研究尚有不少差距,关于狗的论述,泰半内容还是取自前人心得。例如,根据亚里士多德、老普林尼等人的作品,提到"公狗习惯抬脚排尿",而母狗"如果够大方,也会抬起它的腿";又或者是"它们总是习惯在躺下前转个两三圈,如此一来有助于围成一个圆形"等基本习性介绍。随后有更多内容集中在一连串关于狗的神话、故事与奇闻,其中难免留下了前人错误概念,像是认为某些犬种是狗与另一种物种(狮子、老虎之类)交配后诞下的。

不过,《四脚动物与蛇类的历史》还是出现了一些属于那个时代的心得。例如,犬只分类基本上与《论英格兰的犬种》遵循相同逻辑,也就是狩猎犬、工作犬与小型玩赏犬。提到缺乏工作实用性的玩赏犬,该书还给予了不少篇幅。比如某种"小声吠叫"的小型犬,"头只比老鼠大了一点,……耳朵就像兔子,短腿、小脚、长尾巴,毛色雪白"。

作者发挥了印刷术的优势，一同放入了此类小型犬的相关版画，虽然细节处都如文字说明，但整体搭配起来是个略为怪异的生物，很难与可爱的小狗画上等号。不过总体而言，该书收录的犬只版画，基本上都颇具写实效果，具备能一眼辨识出来的特征。

专注于展现犬只外观，并非版画的唯一主题，不少版画家也会试着创作狗与人类的日常生活样貌。其中一类依循传统的狩猎主题，强调猎犬的凶猛、健壮，并将画面锁定在猎物将要倒下的那一瞬间，充满强烈的戏剧张力。另一类创作则缓和许多，描绘狗在人群中的可爱模样，像是与小孩玩耍，或是跟着主人一同外出散步。16世纪知名版画家滕佩斯塔（Antonio Tempesta，1555—1630年），也曾尝试过这两类创作。借由他的作品，我们可以再次看到人狗之间互动模式的多元和亲密，如果试着观察近代罗马城市版画，更能确定如此。

近代欧洲版画家有数不尽的理由，将罗马城市景观转作版画供人观赏。首先，罗马贵为欧洲地区的朝圣要地，再加上丰富的古代遗迹，自古以来一直是最受关注的城

▲ 依循传统狩猎主题的版画，强调猎犬的凶猛、健壮，并将画面锁定在猎物将要倒下的那一瞬间，充满强烈戏剧张力。（图片来源：滕佩斯塔作，荷兰国立博物馆藏）

市，18世纪时更是大旅游（Grand Tour）时代的重镇；其次，教宗基于展现政治声望，从15世纪末于城内大肆推动都市计划，参与者都是当代欧洲最杰出的艺术家。罗马城市景观版画都是关乎真实存在的生活环境，理所当然地留下许多日常风景。

在这些版画中，有四种动物特别与人亲近。首先是马，作为当时最主要的交通动力来源，频繁出现在大多数版画家的作品中；其次是主要食物来源的羊或牛，遍布在人烟较为稀少的地区；各式各样的狗是最后一种动物，它们出没各处，能够很好地适应城市生活与人群。无论画中的狗究竟是家犬还是野犬，可确定的是，假使亲临16至18世纪的罗马，必定能看到不少狗怡然自得地在城市奔跑或休息，一同参与人类世界的各场盛事，构成独特的城市景象。

第十三章
猫奴不要看的音乐史

"学音乐的孩子不会学坏。"

嗯？

旧石器时代晚期，奥瑞纳文化的智人将捕获的野兽骨头钻孔，制作出历史上第一只吹管乐器。从此以后，人类音乐的发展似乎就伴随着一场场血腥杀戮：以鲸鱼须做成的小提琴弓，羊肠线做成的提琴琴弦，海龟壳做成的吉他拨片，水牛皮做成的大鼓鼓面……

表面上，人类借由欣赏艺术陶冶性情，然而心灵提升、文化发展的背后，却是以其他生命的血肉作为代价。就连今日惹人怜爱的喵星人，也曾经沦为音乐历史上的祭品。

🐱 把猫做成乐器？喵咪呀！

因为和人类关系亲近，猫的身影经常出现在音乐中。从意大利歌剧作曲家罗西尼（Gioacchino Rossini）的《猫之二重唱》（"Duetto Buffo Di Due Gatti"）、美国近代作曲家安德森（Leroy Anderson）的《跳华尔兹的猫》（"The Waltzing Cat"），到阿尔·史蒂伍德（Al Stewart）1976年的金曲《猫年》（"Year of the Cat"）、安德鲁·劳埃德·韦伯（Andrew Lloyd Webber）的音乐剧《猫》（*Cats*）；这些创作以猫为题材，有时甚至会用人声或乐器模仿猫叫声。而类似的作品，在音乐史上族繁不及备载。

不过，"把猫做成乐器"这类疯狂的点子，在历史上也不是没有过。事实上，日本相当有名的传统乐器"三味线"，其包裹琴身的震动膜就是由一整只猫的皮所制作而成。所以，如果仔细看这些古制三味线的琴身，就会发现有几个小黑点以对称的方式排列。这些小黑点其实不是污渍，而是猫咪肚子上的乳头所遗留下来的痕迹。

三味线这种乐器，是由中国的"三弦琴"传入至琉球演变而来的。中国的传统乐器经常使用蟒蛇皮作为琴身的震动膜（如二胡），所以最早的三味线也是如此。然而，由于蛇在日本的信仰中有着较崇高的地位，于是猫皮便成为蟒蛇皮的代替品。后来因为三味线需求量提高，许多制琴师傅也开始使用更加容易取得的狗皮代替。

有趣的是，使用狗背部的皮所制成的三味线，琴身上并不会有对称排列的小黑点。许多制琴师傅为了让自己的作品看起来"地道"，除了慎选质地和猫皮相像的狗皮，还会特地在狗皮上画些许黑点，作为模仿猫皮的装饰。

但话说回来，如果平心而论，人们将自身熟悉的物种融入生活和娱乐，在各地文化中都不是什么特别稀奇的事情。"把猫做成乐器"的原因或许可以理解，不过，试着"让乐器发出猫叫声"可就是另一个层面的问题了。

前面提到，人类曾经在许多音乐作品中，尝试加入猫的叫声。这样的做法不仅为创作提升趣味性，更能探索乐器和人声的极限。

17世纪后期的波希米亚作曲家比贝尔（Heinrich Biber）曾经创作过一组"描绘奏鸣曲"，通过音乐描绘公鸡、夜莺、青蛙等当时农家经常出现的动物。其中，在描绘"猫咪"的乐章中，比贝尔使用小提琴下行半音阶的滑音，来模仿"喵"的猫叫声。但是，这毕竟只是通过乐器来模仿演奏，小提琴当然永远也无法变成猫。

所以，真的有乐器能够发出真正的猫叫声吗？答案是有的。这种乐器不仅可以发出猫叫声，同时也反映了人类原始、暴力的本性。建议你，如果能够接受"把猫做成乐器"的事实，再继续往下阅读。因为，这是音乐史上最恶名昭彰的虐猫道具——猫琴（Cat Piano）。

要乐器发出猫叫声，首先要有猫……

猫琴也被称为"猫风琴（Cat Organ）"。

它的构造相当简单：首先，将猫咪按照其叫声的音调高低，依序摆放在琴盒中，并将它们的尾巴固定在琴键下方；接着，将琴键的末端和一根长钉进行联动。当演奏者按下琴键，长钉就会钉入猫咪的尾巴，迫使猫咪发出一连串的哀号声。

这种乐器究竟是由谁、在何时被发明的，至今依然众说纷纭。没有人能确定这样的设计,是出于对猫叫声的喜爱,还是单纯的恶意。19世纪的法国作曲家兼出版商魏克林(Jean-Baptiste Weckerlin),在其著作《音乐,罕见与怪奇发明之叙述》(*Musiciana, Extraits d'Ouvrages Rares ou Bizarre*)一书中提到,这种乐器其实早在16世纪中叶就已经存在了:

>1549年,当西班牙的菲利普二世到布鲁塞尔拜访父亲查理五世时,在路上看见了相当奇特的游行景象。燃烧的牛头、矮小的魔鬼、没有尾巴的马、披着熊皮的男孩和穿着鲜艳服装的大天使,陆续出现在游行队伍当中。而其中一台四轮马车内,传出了令人难以想象的诡异音乐,为这场游行伴奏着。那音色哀伤而凄厉,不禁让人好奇是由什么样的乐器发出来的。

>原来,是一架管风琴。但原本应该是音管的地方,却被十六颗猫咪的脑袋取代。只要琴键被按下,猫就会开始发出悲鸣。当悲鸣声逐渐交织成一首首

▲ 猫琴

的曲调,森林中的猴子、狼和其他动物开始陆续出现,随着这来自地狱的音乐声跳起舞来……

尽管魏克林的文字宛如乡野奇谈,但依然传达出"猫琴"的怪诞之处。因此有许多人相信,"猫琴"是女巫在安息日所演奏的乐器,甚至与邪教信仰、撒旦崇拜有所关联。不过,当历史学者们持续追本溯源,却发现这个残忍的乐器可能曾经有着类似今日"音乐疗法"一样的功效。

第一个把猫放进盒子里的科学家

历史上第一个在文献中提及"猫琴"的人,其实是17世纪大名鼎鼎的德国学者珂雪(Athanasius Kircher)。这位曾经被笛卡尔称为"三分学者、七分骗子"的虔诚天主教徒,对于宗教、音乐、医学和发明领域皆有所涉猎。珂雪在1650年的著作《普遍音乐论》(*Musurgia Universalis*)的第六册第四部第一章里,就特别强调了"猫琴"对于治疗情绪失调的可能性:

▲ 尽管魏克林的文字宛如乡野奇谈,但依然传达出"猫琴"的怪诞之处。(图片来源:《音乐,罕见与怪奇发明之叙述》附图)

为了消除王子长年的忧郁症，这台聪明绝顶的乐器终于在最近被打造出来。不同大小的活猫被放在特制的盒子里，并且在它们的尾巴附近放上尖锐物，因此当琴键被按下时，这些尖锐物能让猫咪发出不同音高的叫声。这些猫叫声有时和谐，有时痛苦，有时愤怒，有时惆怅。而这场不凡的演奏，终究为王子带来了绝佳的娱乐效果。

几年之后，珂雪的同事兼弟子萧特（Gaspar Schott）也在自己的著作《自然魔法》(*Magic Naturalis*)一书中，把"猫琴"的实际模样画了出来：那是一个长方形的盒子，琴键和九颗猫咪的头平行排列于盒子的两侧。有了这些"权威"的背书，这种乐器也渐渐成为当时部分医者颇感兴趣的研究项目之一。

可别以为"猫琴"和珂雪其他的伪科学理论一样，在他过世之后就立刻过时了。在《普遍音乐论》发表了一百多年之后，19世纪初的德国心理学者赖尔（Johann Christian Reil）也曾经建议将"猫琴"使用在临床心理学中。

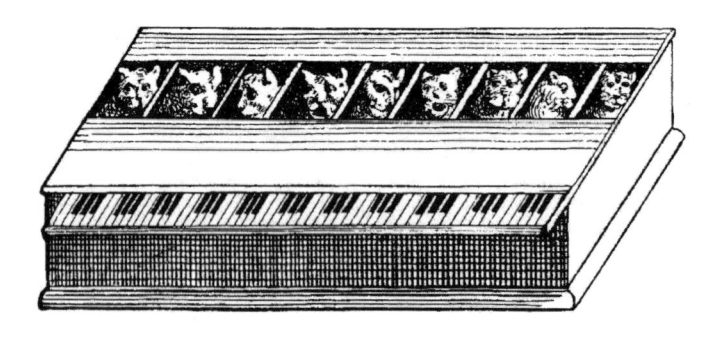

▲《自然魔法》把"猫琴"的实际模样画了出来：那是一个长方形的盒子，琴键和九颗猫咪的头平行排列于盒子的两侧。（图片来源：《自然魔法》附图）

他的理由是,"猫琴"的声音和外观实在太过特殊,能帮助病人提升专注力。

当然,我们今天依然无法证明猫叫声是否真的具有疗愈效果。就算古今不少猫奴都吃这一套,但这足以成为把猫咪做成乐器的理由吗?音乐历史学者们不断追踪"猫琴"的来历,才发现猫并非人类那残忍创意的唯一受害者。你知道吗?猫咪其实不是唯一被摆放在琴键下的可怜动物;另一种可能比猫咪还早遭受如此待遇的,是猪。

如果不是国王,别试图教猪唱歌

科幻小说家海莱因(Robert Heinlein)曾说:"别试图教猪唱歌,这样不但不会有结果,还会惹得猪不高兴。"然而,"猪琴"这种乐器的存在,却让历史显得比小说更加奇幻。

"猪琴"(Piganino)这个词,是猪(Pig)和钢琴(Piano)两个单词的混合词。相同的概念,还有把知名钢琴制造品牌史坦威(Steinway)改成"猪坦威"(Swineway);又或是把钢琴的意大利原文 Pianoforte,改成 Porkoforte。

这些词汇在19世纪的美国社会突然蹿红，用来讽刺当时充斥着意大利文术语、受意大利影响的流行音乐文化。虽然在当时，把猪和钢琴结合的混合词只是玩笑话，但事实上，历史上早就有人实际操作过——把猪和琴键合而为一的"猪琴"，其出现时间可能甚至比"猫琴"还要早。

据说，喜欢玩弄阴谋以建立中央集权的法王路易十一曾经委托他的宫廷乐师，要打造一架能发出"真实猪叫声"的乐器，并举办一场以猪为主角的音乐会。原本，路易十一压根不相信这位宫廷乐师有办法完成这个挑战，没想到这位乐师不仅欣然接受委托，还很认真地完成了。

这位乐师找来了不同体态、不同品种甚至不同年纪的猪，并将它们的声音仔细分类。最后，他设计出了类似"猫琴"的键盘构造：只要按下琴键，一根尖锐的钉子就会扎入某只猪的体内而让它发出惨叫声。根据记录，这场音乐会虽然相当引人注目，却没有人喜欢它的音色。

这样的宫廷奇谈虽然鲜有史料佐证，但事实上，许多关于"猪琴"的传说都影射了当时王公贵族暴戾的性格与

▲ 许多关于"猪琴"的传说都影射了当时王公贵族暴戾的性格与荒诞的生活方式。(图片来源：19世纪的猪琴插画，佚名)

荒诞的生活方式。当有钱人使用一群猪来娱乐宾客，连猪肉都不一定吃得起的穷人，自然也会有穷人的玩法。路边唾手可得的街猫首先遭殃。

所以，或许我们可以推测"猫琴"最初只是平民版的"猪琴"。但不知是幸还是不幸，把一群猪做成一台钢琴，比起猫更加不切实际，因此"猪琴"后来只留在稗官野史中，而相较之下更具有普及性的"猫琴"，在后来受到较多的讨论与研究。

猫奴当道，"猫琴"即将复兴？

无论是医疗行为或是单纯娱乐所需，把猫咪制作成乐器尽管残忍，却是人类在启蒙时代之前探索世界的另一种方式。而在工业革命以后，人造物的出现则成为这些动物的一道曙光：人造纤维成了弦乐器的新选择，赛璐珞制的吉他拨片解救了海龟，而各种塑胶鼓面也成为主流。当人类越来越重视动物保护，原本必须仰赖动物作为材料的乐器，当然也受到影响。

以中国的乐器二胡为例，由于二胡的琴身往往以蟒蛇皮制作的震动膜包裹，因此从1988年起，联合国《濒危野生动植物种国际贸易公约》（CITES）开始限制二胡的制作以及进出口贸易。要制作二胡，必须获得国家林业和草原局的批准，并证明琴身所使用的蛇皮来自人工饲养的蟒蛇，而非非法盗捕。另外，二胡演奏家若是要出国演奏，也必须准备国家林业和草原局颁发的证明书，并且最多只能携带两把二胡出境。

直到2005年香港中乐团研发出了取代蟒蛇皮的聚酯薄膜，这样的状况才有了转机。而很早就使用猫皮代替蟒蛇皮制作三味线的日本，也因为社会观感问题，从2006年开始逐渐减少以猫皮和狗皮作为制琴的材料。

至于争议性更大的"猫琴"呢？当然也随着时代演变至今。

2010年，英国实验音乐家亨利·戴格（Henry Dagg）在查尔斯王子举办的庭园派对上，再现了"猫琴"的风采。这位前英国国家广播公司的成音工程师，找来十多只"经过按压就会发出猫叫声"的猫咪毛绒玩偶，并且将它们的发声器校准音高，按照顺序排列在钢琴键盘上的对应位置上。

在派对现场，戴格用这台"人造猫琴"弹奏电影《绿野仙踪》的名曲《彩虹之上》（Over the Rainbow），不仅娱乐效果十足，惹得现场宾客欢笑连连，查尔斯王子也开怀大笑。还记得前面提到珂雪那本《普遍音乐论》当中的记载吗？看来，珂雪对于"猫琴"疗效的描述，至今尚未过时呢！

尽管有部分音乐家，依然认为由动物制作的乐器比起人造物更有"灵性"，但人类与大自然之间的取舍，不就是这么回事。至于以虐猫为本质的"猫琴"，在现今这个时代虽然已经消失无踪，但经过戴格的演出之后，说不定以今日爱猫人士当道的市场走向，这种乐器即将通过玩具公司的新技术，在未来复兴哦！

第十四章
猫咪东游记

2018年,岁次戊戌,生肖属狗。每十二年,就会有这个让猫派人士相当泄气的狗年,怨恨为什么十二生肖中有狗却没有猫。通常就会说到十二生肖故事,故事里的天神要动物们比赛渡河,好用动物来命名人间的年份。比赛中,本来很要好的猫和老鼠一起骑在牛背上渡河,即将抵达河对岸时,奸诈的老鼠却把猫推下牛背,使猫无法名列十二生肖之中。从此猫和老鼠就成了不共戴天之仇,人类也运用猫捉老鼠的习性,养猫来防治鼠患。

反过来说,老鼠怕猫的习性,也被人类用来描写没有老板监督时,部属轻松自在的样子。19世纪中叶英国传教士麦都思（Walter Henry Medhurst）编纂的《福建方言字典》，就有"猫公不在，老鼠作怪"这句谚语。19世纪末荷兰汉学家施古德（Gustave Schlegel）编纂的《荷华文语类参》则有"将军不在，小军打猎"这句话；在厦门，大家会说"家中无猫，鸟鼠曲脚"，感觉比"作怪"更有画面。

中东野猫的后代

因为可以防治鼠患而对人类有益的猫，对其他动物来说，却是可怕的外来种掠食者，对当地生态多样性往往也有负面的影响。依照2007年对猫的DNA研究，现代家猫的DNA与西亚中东野猫几乎没有差异。而这显示家猫是在中东被驯化，然后随着人类的脚步散布到全世界。

家猫并不是历史上唯一被驯化的猫科动物。距今约五千年前的中国墓葬出土的猫科动物遗骨，被学者比定为豹猫（*Prionailurus bengalensis*）的骨骸。这显示在现代的家猫从西亚来到东亚之前，豹猫曾经在中国被驯化，只是这段关系并没有维持太久，现在东亚的家猫，依然是数千年前中东野猫的后代。

那么,家猫又是什么时候被带到东亚的呢?在家猫传播史上处于末端的清代台湾,成书于1720年的《台湾县志》则引用了明清时常见的说法:

> 《玉屑》云:"中国无猫种,出于西方天竺国,不受中国之气……释氏因鼠咬坏佛经,故畜之。唐三藏往西方取经,带归养之,乃遗种也。"

这个说法把佛教视为家猫进入东亚的媒介,认为家猫在7世纪通过佛教传播或西域贸易来到东亚。

但实际上家猫进入东亚的时间比《玉屑》说的还要早很多。公元前1世纪中叶的北京大葆台汉墓曾经出土了放置于陶罐中的家猫遗骨,可能是墓主生前的宠物。朝鲜与日本中间的壹岐岛唐神遗迹也曾出土家猫遗骨,经碳14定年,约为公元前210—前50年之间,是日本最早的家猫。从这些考古资料来看,家猫可能在汉帝国直接与西域贸易之前,就已经通过与匈奴的间接贸易来到东亚。

征服汉语的猫咪们

不过考古发现与文献记载有明显的冲突。《诗经》说"有熊有罴，有猫有虎"，《礼记》中则有"迎猫，为其食田鼠也；迎虎，为其食田豕也"的说法，这表示"猫"在先秦已经是一种驱逐害兽的动物。如果家猫在汉代才传入东亚，那先秦文献中的"猫"又该如何解释？

其实先秦文献中的"猫"并不是指家猫。唐朝孔颖达在注疏《礼记》的迎猫迎虎时，就表示人畏惧真正的猫和虎，所以用符号性的方法"迎其神而祭之"。但家猫对人类不会有威胁，所以此处的"猫"必然是某种野生猛兽。清朝的马瑞辰更是直接将《诗经》中的"猫"解释为山猫，但山猫这个名字还是太过笼统。我认为依照现代生物学的命名，先秦文献中的"猫"其实是"欧亚猞猁"（*Lynx lynx*），是一种比老虎略小的猫科猛兽，在中国分布的南界约为太行山地，正好就是先秦中原的边缘。

家猫来到东亚以后，在新的语言环境中需要有个新名字。必须注意的是，"猫"这个字在1世纪左右尚未出现。

许慎《说文解字》以"苗"来表示"猫",它是不是家猫,也很有疑问。第一个确定把"猫"解释为小型猫科动物的是3世纪的《广雅》,作者张揖说:"貔狸,猫也。""貔狸"所指的很可能是豹猫,那"猫"应该就是体型类似的家猫。不过《广雅》把"狸"和"猫"作为类比,也开启了这两个字对家猫中文名字长达千年的竞争。

猫与狸的千年之战

9世纪时,晚唐泉州人陈黯写的《本猫说》,就用野生／饲养来区别"狸"与"猫"。他说有个为鼠患烦恼的人,听人家说"苍莽之野有兽,其名曰狸。有爪牙之用,食生物,善作怒,才称捕鼠",所以就去野外带了"狸"的幼兽回家。

养大之后果然能为主人捕鼠,高兴的主人就将其改名为"猫",以彰显有益于农事的特点。不过猫在农家生下的小猫,总是吃母猫抓回来的老鼠,失去捕猎的能力,甚至以为家里的老鼠也是家畜,结果连老鼠都不抓了。失望的主人只好再去野外找"狸"的幼兽,养大来为他捕鼠。

陈黯的文章有讽喻之意，并非反映猫的驯化过程，不过我们着眼的地方在于他将"猫"和"狸"视为同一种动物：野生的是"狸"，为人捕鼠的是"猫"。这种基于功能的动物分类，在比陈黯稍晚的文献中也可见到。成书于北宋的《广韵》将"猫"称为"食鼠狸"，是狸的一种。宋朝也出现把家猫称为"狸奴"的说法。11世纪的黄庭坚养的猫死了，为鼠患而烦恼，于是"闻道狸奴将数子，买鱼穿柳聘衔蝉"——赶快去领养小猫，这只小猫只有嘴边毛一块黑，所以叫"衔蝉"。南宋知名的猫奴诗人陆游，为了保护他的藏书，也"裹盐迎得小狸奴，尽护山房万卷书"。不过对于认真抓老鼠的猫咪，陆游竟然没钱买鱼犒赏，也没钱买毯子给猫保暖，当他家的猫真是可怜。

总之，宋代的"猫诗文"中，经常可以见到"狸奴"这个说法，可见"猫"是"狸"这个统称下的一种动物。但或许会有人问：那"狸"又是什么动物？这是个麻烦的问题，因为文献显示"狸"和"猫"有互相指涉的关系。成书于997年的辽《龙龛手鉴》给"狸"的解释就是"野猫也"；元刊本《玉篇》也说狸"似猫"。所以说猫是狸的一种，狸又像猫，那猫跟狸到底有何异同？

这个问题，16世纪李时珍的《本草纲目》有比较完整的解释。平常我们对《本草纲目》的印象是中医药典，但它其实也是中国传统博物学的重要著作。《本草纲目》对猫的解释很清楚："猫，捕鼠小兽也，处处畜之。"与传统猫捉老鼠的分类一样，所指的应该也是家猫。至于狸，《本草纲目》则明确表示这个字是很多种动物的统称，并举出猫狸（可能是麝香猫）、虎狸（可能是豹猫）、九节狸、香狸、玉面狸（白鼻心即果子狸）、海狸等各种以狸为名的动物。不过这些狸类动物中，香狸又称灵猫，九节狸又称野猫、花猫。而且别的不说，李时珍对"狸"的解释就是"野猫"。

《本草纲目》对"猫"和"狸"的解释，可说是沿着唐宋以来的传统，为人捕鼠的称为猫，野生又有气味的小型哺乳类动物称为狸。不过，李时珍对"猫"字的用法也显示，猫在宋代文献中就开始取代狸，成为小型哺乳类的通称。现在我们在字典中几乎找不到"狸"所指涉的动物，但有不少以"猫"为名、分类上却不属于猫科的动物，反映的就是"猫"取代"狸"这个语言变化过程的结果。

"Niau"占领人家,"Bâ"流放野外

以上对"猫"和"狸"的讨论,还是基于汉字的分析,并没有碰触到语音的部分。但如果继续深入讨论"猫"这个字在台湾地区文献中出现的状况,就不免要处理语音的问题。《本草纲目》说"猫"有"苗"和"茅"两个音,这样的破音现象可以追溯到11世纪前后的《龙龛手鉴》《集韵》《广韵》,可说从中古汉语"猫"就有两个发音了。

在闽南语中,中古汉语的"苗"可以对应到"biâu","茅"则可以对应到"bâ",所以这两个音都算是文读音。现存闽南语韵书对这两个发音的解释,大多不出"捕鼠之兽",也就是家猫。

但会闽南语的人一定觉得奇怪,现在我们不是都把猫叫作"niau"吗?这个音怎么看都和"biâu / bâ"不一样,但却是我们最熟悉的发音。其实"niau"这个音,来源可能不是汉语。董忠司曾指出许多闽南语常用词的前缀相当特别,维持独特的语音形式和词汇结构,而且没有公认的

汉字写法；就算以汉字写下来，也倾向使用形声字或借音字。董忠司认为，这些闽南语特殊前缀，可能和苗语、瑶语等有同源关系。也就是说，它们本来就不是汉语。

闽南语的"niau"也很可能不是汉语。我们可以看看泉州方言韵书《汇音妙悟》怎么处理"niau"。首先，可以拆成字头"n"和字母"iau"。字头"n"是"l"的鼻化同位音，传统上归为十五音中的"柳"。字母不区别声调，相当于《广韵》中的"摄"。《汇音妙悟》有 50 个字母，但在"iau"下只有"猫""鸟"两个字，数量远低于其他字母。

《汇音妙悟》对"猫（niau）"的注解是"土解；右音无字；食鼠"，则表示这个音没有公认的汉字写法，"猫"是借来表记的同义字，属于权宜之计。这些迹象都显示，"猫（niau）"不是源于中古汉语的词素，很有可能是来自汉语以外的语言。不过，笔者目前还未在中国南部少数民族的语料中找到可能的同源词，只有来自闽南语韵书的证据而已。

闽南语将家猫称为"niau"，也造成另一个常见误解，也就是"niau"指家猫,"bâ"指野猫。但检视19世纪的闽南语辞典,会发现"家中无猫,鸟鼠曲脚"这句话,"猫"被注音为"bâ"。传统韵书对"bâ"和"niau"的解释,也都指向家猫。

在近百年的语言变化中,白话音的"niau"渐渐把文读音的"bâ"和"biâu"逐出家中,"niau"独占了家中会喵喵叫宠物的位置,以至于现在我们对"bâ"留下野生动物的印象。台湾地区近年编纂的闽南语辞典中,"niau"甚至占据了"猫"的发音,把"bâ"赶出去了。这真可说是家猫的大胜利。

第十五章
那些用来做实验的动物们

现代生物和医学研究里,无论是基础研究或药品开发都会使用动物进行实验。各国的动物实验法规,往往会有许多规定来尽量降低这些动物的痛苦。例如,生物实验除非必要,否则避免使用活体动物;实验中尽量不要让动物觉得痛苦,进行动物实验的机构应设置专门委员会来监督动物实验,必须要有兽医师和动物保护团体代表参与管理或至少定期查核;除非必要,否则不得任意杀害动物,等等。

从受虐待到受保护的动物们

动物实验伦理主要依照"3R原则":Replacement(替

代），尽量使用其他实验方法或使用细胞等无知觉的材料来代替动物实验；Reduction（减少），通过改良实验设计，尽量减少实验动物的数量和使用频率而获得等量数据；Refinement（提升质量），改善动物生活、运输条件和实验设计，尽量减少动物痛苦。例如，现在的动物实验大多使用小鼠，除了繁殖容易以外，也因为小鼠比其他动物更适应笼养，比较不容易感到窘迫。

只是即使努力使用计算模拟或细胞来取代动物，还是无法完全取代动物实验的必要性。光是2017年一整年，台湾地区就使用了超过一百万只实验动物，包含大鼠、小鼠、鱼、鸡、猪、兔子等，依照实验需求，动物们经常会经历各种伤痛或是牺牲。例如，为了研究神经和肌肉再生，需要把小鼠的腿打断；或是为了观察脏器生长情形，需要解剖数只不同年龄的动物。

历史上有无数动物为生物医学研究贡献自己的生命，特别是现代解剖学、生物学、医学、微生物学、药理学在17世纪的欧洲诞生以后，实验动物更是成为医学发展不可或缺的要角。19世纪的著名法国微生物学者巴斯德（Louis

Pasteur）将一群绵羊分成两组，对其中一组羊施打他自行开发的炭疽热疫苗，再让所有的羊感染炭疽热，最后施打过疫苗的羊全都成功存活。巴斯德接着又在兔子身上做实验，开发狂犬病疫苗，并在狗身上测试，疫苗最后终于成功避免人类感染。巴斯德声名大噪，史上第一位接受狂犬病疫苗注射的人类约瑟夫·梅斯特（Joseph Meister）也因此史上留名，但绵羊、兔子和狗们却只能成为疫苗背后的无名英雄。

动物实验和动物解剖的历史很长，可以上溯到亚里士多德时代，特别是2世纪的医师盖伦（Claudius Galenus）。虽然他也知道动物的构造和人体不完全相同，但是当时的希腊禁止解剖人体，因此，他转而解剖多种不同动物，包括猴子、猪、羊等，首先辨认出不同器官有不同功能。但即使有了这些研究基础，欧洲在直到现代生物医学兴起的这一千多年之间仍处于蒙昧之中。

盖伦和其他医师仍然相信体液说，也就是人会生病是由于身上的体液不平衡所导致。因此，在这千年之间，放血仍然是主要的医学疗法。传统东亚医学则认为兽医归兽医、人医归人医,人的生理和动物不同,因而认为不需要先做动物实验才能了解人的病理,而是要直接研究人。

无论东方或西方的传统医学,其实都没有系统性地发展出"使用动物来了解人体生理或开发人用药物"这种概念,兽医和人医仿佛两条平行线,反映当时人与非人之间牢不可破的界线。

作为人类的牲畜和宠物,动物与人类在这之前就十分亲近。对动物的关怀,乃至立法禁止虐待动物、限制使用实验动物,正是从关怀牲畜们的处境开始的。

中世纪欧洲血腥的动物打斗

大约16世纪开始,英国就非常流行各种动物血战,例如,斗熊、斗牛、斗狗、斗鸡等。上至王公贵族、下至贩夫走卒都热衷于观赏,还会下注赌博。其中最红遍大街小巷的就是斗熊了,连女王伊丽莎白一世也是斗熊的座上宾。

当时的斗熊是在一个圆形场地里放一只熊,用锁链或绳索圈住熊的脖子或一只脚,再放出好几只狗,让狗和熊互相撕咬，过程往往鲜血淋漓，观众在旁边的高台上鼓噪狂欢。为了追求更刺激的打斗，有些斗熊人甚至会松开熊的束缚，让熊和狗更激烈地互斗，直到一方伤重倒地。然而，因为熊是贵重的"舶来品"，必须要从海外输入，因此，斗熊人不会轻易让熊死亡，这些熊往往疗伤几周之后又要再次上场打斗。

古代英国斗牛犬是最常见于斗熊的狗，一如其名，斗牛犬也很常用于斗牛，观众热爱观赏公牛用牛角叉住狗再把狗甩到空中的刺激感，也惊叹斗牛犬咬住牛的狠劲。而且当时的人相信，经过这种充满血气的打斗之后，牛肉会特别柔软好吃。除了斗熊以外，斗鸡、斗猩猩也很受欢迎。

这么血腥的动物打斗在现代大概会千夫所指，但当时并不违反道德标准，中世纪欧洲的神学认为万物都是上帝所造，每种动物都可为人类所用，所以人类畜养、食用动物，使用兽力或以动物取乐，都没有违反神的旨意。斗熊、斗牛等活动所受到的指责，主要都是针对人类的道德败坏，清教徒们认为斗熊令人堕落，因为这会让人们沉迷赌博、酗酒、淫行。

但普遍来说,当时的人们认为动物是没有思考、没有知觉的,因而并不会特别在意这些动物的痛苦或待遇。除了斗熊这类娱乐活动之外,也时常有人鞭打牲畜,特别是驴子,因为驴子是当时最常见的工作牲畜,经常载运货物或人来往各个城镇。

打破这个局面的是一位爱尔兰议员理查德·马丁(Richard Martin)。马丁大概是当时的"动物保护狂人",而且他对待动物比对待人好很多,他非常关心动物,认为人类不应该恶待牲畜,在还没有任何法令禁止虐待动物之前,他先一步禁止自己名下庄园的居民虐待动物,违者会受罚。他大力劝阻人们利用动物互斗来取乐,也宣传不要随意虐待牲畜。当时的英王乔治四世帮他取了一个外号"人道的家伙"(Humanity Dick),但同时他的另一个外号则是"爆点超低的家伙"(Hair-Trigger Dick),是众所公认的脾气不好。因为他除了以幽默谈吐闻名之外,还非常热爱决斗,有多起轻微骚扰他人的前科。

在马丁之前,1809年其实已经有厄斯金爵士(Lord Erskine)等人提出保护动物法案,但是未能在议会获得足够的支持。马丁先在 1821 年提过一次法案,虽然议会支持这项法案,但是上议院不肯通过,于是他再接再厉,隔年再提一次法案,终于正式通过。虽然当时的社会气氛已经从忽视动物痛苦转向关心动物,教会认为虐待动物于人类的德行有损,而且人类既然是上帝造物之一,应该善待上帝所创的其他造物,以展现人类的慈悲和善良。

然而,马丁还是不免受到各种嘲讽。在政治漫画里,马丁被画上驴子耳朵,讽刺他自己就是驴子,才会这么关心牲畜。法案刚通过的时候,街头巷尾还是照常笞打牲畜,于是马丁和支持者经常上街到处检举,看到有人虐待牲畜就告上法庭,还把驴子拉上法庭当证"人"。虽然虐待动物在当时只会罚一笔小钱,但在这群人的努力之下,社会风气渐渐转变,动物们的处境终于渐渐受到重视。马丁和支持者们主动积极的查访,日后也演变成现在英国特有的"皇家防止虐待动物协会"(the Royal Society for the Prevention of Cruelty to Animals)的动物保护检查员。

马丁提出的保护动物法案在 1876 年再次修订,增列规定动物实验必须向政府登记许可,这是史上第一次动物实验受到政府管制，而不再能够任意使用动物来做实验。直到此时，史上第一个保护实验动物的法令终于诞生在英国。然而这股关怀动物的风气，并没有立刻影响到世界上的其他国家。

美国动物实验伦理审查发展

第二次世界大战之后，美国成为冷战中所谓"自由阵营"的科学中心，日本等国家转向学习美国，但是直到20世纪60年代，美国也都还没有任何法规来保护实验动物，社会也不知道或不关心动物们在实验室究竟发生了什么事。和英国一样，唤醒人们关心动物处境的也是人类身边最亲近的动物，只是这次不再是牲口，而是宠物，一只住在美国宾夕法尼亚州名叫"胡椒"的小狗。

"胡椒"是一只五岁的大麦町犬，跟主人勒卡维奇（Lakavage）一家人住在自家的农场里，它非常亲人，喜欢坐车兜风，但是有一天它却从农场消失了。勒卡维奇夫妇发现它不见之后，开始到处张贴布告协寻，也怀疑"胡椒"不是单纯走失，而是被人偷走了。因为"胡椒"很相信人类，偷狗贼很轻易就可以把它带走。当时迪士尼的旧版《一〇一忠狗》动画电影刚上映没几年，而"胡椒"又刚好是电影里的大麦町犬。

几天之后，二百五十公里外的宾州麦康奈尔斯堡（McConnellsburg）查扣一辆因为载了太多只狗和羊而超载的卡车，车主是一个名叫威廉·米勒（William Miller）的商人，他的"货物"都被查扣在北安普顿（Northampton）收容所。勒卡维奇太太一眼就从照片上认出这些货物里有两只大麦町犬，其中一只就是"胡椒"，但是等她赶到收容所，米勒已经找来一台更大、符合法规的卡车，把动物们全都载走了。

勒卡维奇太太循线又追到二百公里外一家位于纽约的狗场，但她没有搜查许可，始终不得其门而入。在她和狗场周旋时，万万没有想到，米勒其实并没有把"胡椒"载到狗场，而是绕了一点路之后，将两只大麦町犬卖给纽约的蒙特弗尔医院（Montefiore Hospital），等到勒卡维奇太太终于发现赶去医院时，"胡椒"早被用来做实验，而且已经离开人世，遗体甚至被火化了。

1965年11月29日,《运动画报》(Sports Illustrated)报道了"胡椒"的故事和参议院的动物保护听证会。在此之前,由于人们和研究人员不注重实验动物的来源和用途,当时并没有足够可靠的资料来了解实验动物的数量和处境,只能推估美国研究机构和医院每年大约使用十万只实验犬。其中,只有不到两万只来自专门培育实验动物的狗场,大部分的实验动物是来自如贩卖"胡椒"的那种没有善待动物的狗场,他们的主要货源是流浪或是被弃养的无主动物,还有像"胡椒"这样被绑架来的。索价低廉,但获利极高。

"胡椒"的悲剧故事震撼了众多美国人,令人们开始关注动物买卖和动物实验。当时美国有超过两千万只家犬,大约每十人就有一人养狗。"胡椒"事件登上媒体之后,民众满怀愤怒、伤心、焦虑,担心自己家的小狗也会被偷狗贼绑走卖去做实验。

紧接着1966年2月,《生活》(Life)杂志深入调查、报道了"狗的集中营",揭露狗场的恶劣居住环境和小狗们的悲惨境遇,因为报道太令人同情,许多人写信向杂志表达他们的关注，竟然比该杂志的越战和民权运动报道所收到的回响更多。

因为公众关心和同情动物处境，1966年夏天，美国终于通过全国性的动物保护法案，要求准备作为实验用途或是动物商所有的猫、狗、兔子、天竺鼠等动物，在贩售和运输时必须符合一定标准。为了避免"胡椒"的悲剧再度发生，特别规定猫、狗的买卖，以及使用动物的实验室都必须登记，特别是跨州买卖要留下记录，以避免偷窃和销赃猫狗。

自此之后，实验动物的处境越来越受到重视，一连串的动物保护法规被修订，到1985年，又立法确定了今天的动物照护，以及使用委员会审查机制。

今天若想在美国的大学、研究机构进行任何动物实验，都必须通过所属机构的"动物照护及使用委员会"（Institutional Animal Care and Use Committee，简称IACUC）批准才能进行研究，申请书必须说明为什么要使用动物、要如何使用动物、是否有提供合适的动物照护，等等。委员会里必须要有至少一位熟悉动物实验的科学家、一位兽医，以及至少一位和该机构无关（未在该机构就学、任职）的人士，还要有至少一位专长是自然科学以外其他学科的相关专业人员（通常是律师、伦理学家、社会学家等），让委员会中能够有各种不同观点，尽量确保动物受到合理的待遇。

甚至，因为美国的动物实验法相当严格，许多生物、医学研究人员常常戏称动物实验的伦理审查比人体实验还难通过呢！

参考资料

司马迁,《史记》,北京：中华书局,1959
班固,《汉书》,北京：中华书局,1962
范晔,《后汉书》,北京：中华书局,1965
姚思廉撰,《梁书》,北京：中华书局,1973
魏征等撰,《隋书》,北京：中华书局,2008
刘昫等撰,《旧唐书》,北京：中华书局,1975
脱脱等,《宋史》,北京：中华书局,1977
张廷玉等撰,《明史》,北京：中华书局,1995
吕不韦著、陈奇猷校释,《吕氏春秋新校释》,上海：上海古籍出版社,2002
桓宽撰、王利器校注,《盐铁论校注（定本）》,北京：中华书局,1992
许慎,《说文解字》,北京：中华书局,1985

朱谦之，《新辑本桓谭新论》，北京：中华书局，2009
应劭撰、王利器校注，《风俗通义校注》，北京：中华书局，2010
葛洪著、周天游校注，《西京杂记》，西安：三秦出版社，2006
干宝著、黄涤明译注，《搜神记全译》，贵阳：贵州人民出版社，1991
司马光撰，《司马光集》，成都：四川大学出版社，2010
李心传，《建炎以来系年要录》，北京：中华书局，1985
王明清，《挥麈录》，上海：上海书店，2009
刘若愚，《酌中志》，北京：北京出版社，2018
张自烈，《正字通》，北京：社会科学文献出版社，2008
王初桐，《猫乘》，杭州：浙江人民美术出版社，2016
黄汉，《猫苑》，杭州：浙江人民美术出版社，2016

河南博物院编著，《河南出土汉代建筑明器》，郑州：大象出版社，2002
河南博物院编著，《河南古代陶塑艺术》，郑州：大象出版社，2005
夏亨廉、林正同主编，《汉代农业画像砖石》，北京：中国农业出版社，1996
高文主编，《中国画像石全集·四川汉画像石》，济南：山东美术出版社，2000
湖南省博物馆、中国科学院考古研究所，《长沙马王堆一号汉墓》，北京：文物出版社，1973

裘锡圭主编，《长沙马王堆汉墓简帛集成》第 2、6 册，北京：中华书局，2014
陕西省考古研究所编，《汉阳陵》，重庆：重庆出版社，2001
王学理，《考古队长说阳陵》，西安：三秦出版社，2015
彭卫、杨振红，《中国风俗通史·秦汉卷》上海：上海文艺出版社，2002
劳榦，《守狗》，收入氏著《汉晋西陲木简新考》，页 45—47，台北："中央研究院"历史语言研究所，1985
余英时，《朱熹的历史世界——宋代士大夫政治文化的研究》，台北：允晨文化，2003
赵宠亮，《行役戍备：河西汉塞吏卒的屯戍生活》，北京：科学出版社，2012 年

川崎三郎，《西乡南洲翁逸话》（日本国立国会图书馆），日本：磊落堂，1894
西田实，《大西乡的逸话》，日本：南方新社，2005
内村鉴三著、陈心慧译，《代表的日本人》，台北：远足文化，2013
几田道史著、李其融译，《江户时代那些人和那些事》，台北：远流，2014
山田尚二，《详说西乡隆盛年谱》，日本：西乡南洲显彰会，2015 年 3 版
服部英龙作《西乡隆盛像》，鹿儿岛市立美术馆

凯瑟琳·约翰斯著、黄英译，《狗：历史·神话·艺术》，北京：中国青年出版社，2011

马克·莱维纳（Mark Ravina）著、廖奕译，《最后的武士》，北京：东方出版社，2010

中国社会科学院考古研究所、西安市文物保护考古研究院、阿房宫与上林苑考古队，《西安市阎良区秦汉栎阳城遗址墓葬的发掘》，《考古》2016年第9期，页54—69

陕西省考古研究院，《陕西咸阳渭城区民生工程汉墓发掘简报》，《考古与文物》2017年第2期，页10—27

刘志远，《成都天回山崖墓清理记》，《考古学报》1958年第1期，页87—103，页161—172

李彩霞、陈良军，《济源新出土一件斗犬俑》，《中原文物》2004年第3期，页82

文物局古文献研究室、安徽省阜阳地区博物馆、阜阳汉简整理组，《阜阳汉简简介》，《文物》1983年第2期，页21—23

魏仁华、田玉芳，《南阳汉代陶狗初探》，《南都学坛（社会科学版）》第12卷第1期，页7—13，1992

王川，《汉代喜狗风俗》，《东南文化》1993年第2期，页119—124

刘丁辉，《论新石器时代到汉代狗在人类社会中的角色演变》，《中原文物》2016年第2期，页32—44

朱天舒，《试析汉陶家禽家畜模型》，《考古与文物》1996年

第 1 期，页 70—77

姜世碧，《四川汉代陶家畜家禽模型试析》，《农业考古》2003 年第 3 期，页 276—282

邓惠，《考古材料所见之汉墓动物随葬》，《南方文物》2015 年第 3 期，页 58—69

彭卫，《汉代食饮杂考》，《史学月刊》2008 年第 1 期，开封，页 19—33

宁莉莉、王传明，《桓谭〈新论〉中狗怪故事的深层意蕴》，《齐鲁师范学院学报》第 28 卷第 5 期，2013 年，页 79—82

《从汉代扬州"寻狗案"可以看出秦汉人爱狗吗？》，澎湃新闻 2017/04/19

Adolph, Willaim, F. Baillie-Grohman. *The Master of Game*, London: Chatto & Windus, 1909.

Caius, Iohannes. *Of Englishe Dogges*, London: Bradley, 1880.

Coburn, Kathrin. "Three Fragments of the Mystic Capture of the Unicorn Tapestry", in Metropolitan Museum Journal, Vol. 45(2010), pp. 97-106.

Falda, Giovanni Battista. *Le Fontanedi Romanelle Piazze*, eLuoghi Publicidella Città, 1680.

Freeman, Margaret B. *The Unicorn Tapestrie*s, NewYork: Metropolitan Museum of Art, 1976.

Icones Venantum Species Varias Representantes Adumbratione Nova Recens

Inventae, PerAntonium Tempestinum Egbert Ianszscalp, 1598.

Les Très Riches Heures de Jean de France, duc de Berry, Paris: Plon-Nourrit, 1904. Phébus, Gaston. Livre de la chasse, 14th Century.

Signorini, Rodolfo. "A Dog Named Rubino," in Journal of the Warburgand Courtauld Institutes, Vol. 41(1978), pp. 317-320.

Silvestre, Israel. *Antichee Moderne Vedutedi Roma*, Paris: 1638-1651.

Pliny the Elder. *The Natural History*, London: Taylor and Francis, Red Lion Court, Fleet Street, 1855.

Trospell, Edware. *The History of Four-footed Beasts and Serpents*, London: 1658.

Vasi, Giuseppe. *Delle Magnificenzedi Roma Anticae Moderna*, Roma: 1747-1761.

Xenophon. *Scripta Minora*, Cambridge: Harvard University Press, 1925.